TORNE-SE
UM PROFISSIONAL

Steven Pressfield

TORNE-SE
UM PROFISSIONAL

Como Superar seus Limites Internos e
Triunfar nas Batalhas da Vida

Prefácio à Edição Brasileira
Lúcia Helena Galvão

Tradução
Gilson César Cardoso de Sousa

Editora
Cultrix
SÃO PAULO

Título original: *Turning Pro – Tap Your Inner Power and Create Your Life's Work*.
Copyright © 2012 Steven Pressfield e Shawn Coyne.
Copyright da edição brasileira © 2021 Editora Pensamento-Cultrix Ltda.
1ª edição 2021./ 2ª reimpressão 2024.

Todos os direitos reservados. Nenhuma parte desta obra pode ser reproduzida ou usada de qualquer forma ou por qualquer meio, eletrônico ou mecânico, inclusive fotocópias, gravações ou sistema de armazenamento em banco de dados, sem permissão por escrito, exceto nos casos de trechos curtos citados em resenhas críticas ou artigos de revistas.

A Editora Cultrix não se responsabiliza por eventuais mudanças ocorridas nos endereços convencionais ou eletrônicos citados neste livro.

Editor: Adilson Silva Ramachandra
Gerente editorial: Roseli de S. Ferraz
Preparação de originais: Adriane Gozzo
Gerente de produção editorial: Indiara Faria Kayo
Editoração Eletrônica: S2 Books
Revisão: Erika Alonso

Dados Internacionais de Catalogação na Publicação (CIP)
(Câmara Brasileira do Livro, SP, Brasil)

Pressfield, Steven
  Torne-se um profissional : como superar seus limites internos e triunfar nas batalhas da vida / Steven Pressfield ; tradução Gilson César Cardoso de Sousa. -- 1. ed. -- São Paulo : Editora Pensamento Cultrix, 2021.

  Título original: Turning pro : tap your inner power and create your life's work
  ISBN 978-85-315-2147-8

  1. Autoajuda 2. Criatividade 3. Desenvolvimento pessoal 4. Pensamento criativo 5. Procrastinação I. Título.

21-70698   CDD-153.35

Índices para catálogo sistemático:
1. Pensamento criativo : Psicologia 153.35
Maria Alice Ferreira - Bibliotecária - CRB-8/7964

Direitos de tradução para a língua portuguesa adquiridos com exclusividade pela EDITORA PENSAMENTO-CULTRIX LTDA., que se reserva a propriedade literária desta tradução.
Rua Dr. Mário Vicente, 368 — 04270-000 — São Paulo, SP — Fone: (11) 2066-9000
http://www.editorapensamento.com.br
E-mail: atendimento@editorapensamento.com.br
Foi feito o depósito legal.

Para

KATE SNOW

Escrevi *Como Superar seus Limites Internos* para dividir, nitidamente, minha vida em duas partes: antes e depois de me tornar profissional. Depois é melhor.

– Steven Pressfield

SUMÁRIO

Prefácio à edição brasileira	9
Prefácio	13
Livro Um - A vida do amador	17
A condição humana	19
Três modelos de autotransformação	20
Minha vida como amador	23
Meu primeiro herói	26
Minha smith-corona	28
Carreiras falsas	29
Minha carreira falsa	30
Quatro vivas à vida de amador	32
Minha carreira falsa, segunda parte	33
A vida falsa	35
Viciada em amor	36
Hábitos	38
Belos perdedores	39
Arte e vício	40
Resistência e vício	44
Vício e carreiras falsas	45
O viciado como herói dramático	46
Por que não consigo me livrar do vício	47
"Puxando o pino"	48
"Puxando o pino", segunda parte	52
A definição de tédio	54
A recompensa da incapacidade	55
Viciado em fracasso	57
Viciado em sexo	58

Viciado em distração	59
Viciado em dinheiro	60
Viciado em problemas	61
O ano em que me tornei profissional	62
A dor de ser humano	65
Desespero judaico e desespero irlandês	67
A dor de ser humano, segunda parte	69

Livro Dois - Feridas autoinfligidas — **71**

Incapacitação acidental	73
Uma definição do amador	74
O amador vive aterrorizado	75
O profissional também vive aterrorizado	76
O amador é um egoísta	77
O amador vive da opinião alheia	78
O amador deixa que o medo o impeça de agir	79
O amador se distrai com facilidade	80
O amador procura gratificação instantânea	81
O amador é ciumento	82
O amador não tem compaixão por si mesmo	83
O amador pede permissão	84
O amador vive para o futuro	85
O amador vive no passado	86
O amador estará pronto amanhã	87
O amador entrega seu poder a outros	88
O amador está dormindo	89
A tribo não está nem aí	90
Profissionais de meio período	91
A vida se torna muito simples quando você se torna profissional	92
Sua vida muda quando você se torna profissional	93
Seu dia muda quando você se torna profissional	95
As pessoas mudam quando você se torna profissional	96
Sua mente muda quando você se torna profissional	98
Por que nos tornamos profissionais	99
A senhora x em bakersfield	100
O sonho de rosanne cash	101

Quando eu mesmo me tornei profissional	106
A natureza das epifanias	108
A vergonha é coisa boa	109

Livro Três - A mentalidade profissional — 111

Qualidades do profissional	113
O profissional é corajoso	115
O profissional não se distrai	116
O profissional é duro consigo mesmo	117
O profissional tem piedade de si mesmo	118
O profissional vive no presente	120
O profissional adia a gratificação	121
O profissional não espera pela inspiração	122
O profissional não entrega seu poder a outros	123
O profissional ajuda os outros	124
E quanto à magia?	126
Um fuzileiro ganha dois salários	128
Meus anos na solidão	130
A mentalidade profissional como prática	131
A prática tem seu espaço	132
A prática tem seu tempo	134
A prática tem uma intenção	135
Encaramos a prática como guerreiros	136
Encaramos a prática com humildade	137
Encaramos a prática como alunos	138
A prática é para a vida toda	139
O sonho de rosanne cash, segunda parte	140
O profissional confia no mistério	141
Vá além de si mesmo	142
Escreva sobre o que não sabe	144
Aproveite as vantagens da defesa	145
Jogue machucado	147
Fique frio	148
O profissional e o primitivo	150
Um modelo do universo	155
Mussar	*157*
Para quem é tudo isso?	159

PREFÁCIO À EDIÇÃO BRASILEIRA

Steven Pressfield, escritor norte-americano nascido em 1943, possui uma obra extensa, composta de roteiros de cinema e de livros de ficção histórica e de não ficção, como este *Torne-se Profissional*. Ainda em plena atividade como escritor (e creio com veemência que assim permanecerá enquanto viver), já viu um de seus livros ser transformado em filme de sucesso: *The Lengend of Bagger Vance* [*Lendas da Vida*, em português], dirigido por Robert Redford e baseado no clássico indiano *Bhagavad Gita*.

Em 2002, ele quebrou a lógica de suas produções convencionais (romances de caráter histórico) para lançar *The War of Art*: Break Through the Blocks and Win Your Inner Creative Battles (2002) [*Como Superar seus Limites Internos*, lançado pela Editora Pensamento, em 2021].

Nessa obra peculiar, Pressfield abre sua "oficina de produção" – que inclui sua história pessoal, suas ferramentas e sua filosofia de vida – a uma espécie de "visita guiada", em que orienta aquele que se vê imobilizado na realização de seus sonhos, de sua identidade, enfim, de um propósito para sua vida. Dá nome ao inimigo contra o qual lutamos: a "Resistência". Ensina-nos as estratégias e o poder de fogo do inimigo e mostra-nos as armas que podemos encontrar em nosso interior para virar o jogo e alcançar a vitória. Trata-se, assim, de mais um livro com temática de *ficção histórica militar*, só que a história em questão é a da nossa própria vida, e a guerra que ele descreve, no final das contas, não tem nada de ficção: estamos em meio a ela.

O próprio Pressfield nos confidencia que a realização do citado livro já foi uma vitória sobre uma difícil batalha: acusado de estar abandonando seu estilo habitual para se dedicar a uma espécie de "literatura de autoajuda", recebeu duras críticas antes, durante e depois do lançamento da obra. Estou entre aqueles que brindam o atrevimento de Pressfield contra a resistência interna e externa que lhe permitiu trazer à luz este livro, peculiar em tudo: utilidade, honestidade e beleza.

Mas como o espaço desse primeiro e pequeno livro foi insuficiente para treinar os leitores para a estratégia e a tática necessárias ao triunfo em uma batalha desse porte, continuações, igualmente pequenas, foram nascendo: *Torne-se um Profissional - como superar seus limites internos e triunfar nas batalhas da vida* é uma delas. Como diz um dos personagens: "Uma coisa é estudar a guerra; outra é viver a vida de um guerreiro", essa prática indispensável traz novas dúvidas e necessidade de orientações.

Neste livro, voltaremos à dualidade que nos foi ensinada no primeiro da série: amador × profissional, com a proposta de construirmos em nós um verdadeiro profissional. Voltaremos a ver agora, com mais detalhes, como os vícios físicos e psicológicos, o medo, as imitações baratas dos ideais que nós mesmos criamos, as falsas carreiras, as dependências emocionais, os maus hábitos, a vitimização, a distração, os adiamentos e outros, ocasionalmente embalados por uma boa dose de egoísmo, são a artilharia pesada do inimigo, e como nós mesmos produzimos munição e a entregamos a ele em forma de autossabotagem.

Como é próprio de um comandante em campo de batalha, Pressfield é implacável com a tropa: ausência de foco e de profundidade é falta grave; não ter amor ao trabalho em si, mas apenas ansiedade hierárquica e competitiva por resultados, é quase crime de guerra.

Porém, como bom comandante, ele também sabe elevar o ânimo dos soldados. Lembra-nos de que "A dor do ser humano é que todos somos anjos aprisionados em vasos de carne" e atiça nossos brios para nos comprometermos a extirpar essa dor.

Instrui-nos sobre quão simples, embora sofrida, é a porta de entrada de nossa necessária carreira profissional: "Parece contraintuitivo, mas é verdadeiro: a fim de atingir o 'fluxo', a 'magia', a 'esfera superior', começamos sendo comuns, prosaicos, trabalhadores. Passamos a mão pelas pedras do muro do jardim e procuramos, procuramos, até que, finalmente, quando já estamos prestes a desistir, nossos dedos encontram a porta secreta".

Steve nos alerta sobre a necessária disciplina para lidar com o tempo e o espaço: "Você entende que pode desvendar o mistério por intermédio da ordem?". E previne-nos contra o risco da vaidade: "Podemos colocar a intenção e a intensidade em nossa prática (aliás, devemos), mas não o ego. A dedicação e até a ferocidade, sim; a arrogância, nunca".

Felizmente, trata-se também de um condutor dotado de poesia e humanidade, e esses dons, quando vêm à tona, têm o poder de arrefecer a severidade das trincheiras.

Momentos como estes:

> "O espaço da prática é sagrado. Pertence à deusa.
> Tiramos os sapatos antes de entrar.
> E curvamo-nos, com as mãos em prece".
> "Nossa tarefa, como almas nesta jornada mortal,
> é transferir a sede de nossa identidade da
> esfera inferior para a superior, do ego para o *Self*".

dão à nossa empreitada ares de "guerra santa", embora sempre absolutamente sensata e lúcida, sensível e humana, mas inimiga feroz da banalização do nosso trabalho, dos nossos sonhos, da nossa vida.

Não há muito a acrescentar senão a advertência de se preparar para o bom combate. E saiba que todos aqueles que, como eu, também estão nessa trincheira estarão contigo, ombro a ombro. Como diriam os centuriões romanos aos seus soldados: *integritas*!

– Lúcia Helena Galvão, outono de 2021.

PREFÁCIO

Depois de editar seus romances *Gates of Fire*, *Tides of War* e *Last of the Amazons*, publiquei a primeira obra de não ficção de Steven Pressfield, *Como Superar seus Limites Internos*. Quando mostrei o livro aos representantes de vendas – na ocasião, eu dirigia uma pequena editora chamada Rugged Land Books –, previ que aquele documento incisivo, de poucas páginas, seria *best-seller* por muitos anos. Passados dez anos, com centenas de milhares de exemplares vendidos, a obra de Steve é um livro de cabeceira, uma referência inspiradora obrigatória para artistas em atividade no mundo todo.

Você já examinou bem uma lata de lixo das ruas de Paris, uma pedra de calçamento no Rio de Janeiro ou uma porta de entrada das casas de Dublin? Acredite em mim: o responsável por fazer esses objetos de utilidade estava criando arte. Quando habilidade, dedicação e profissionalismo se juntam, o resultado pode ser impressionante. Às vezes, a obra até conquista a imortalidade.

Mas sentar-se para fazer o trabalho é outra história. Chame-a de bloqueio do escritor, de ansiedade artística ou de mal-

-estar geral, essa entidade interna maligna que nos afasta de nossa vocação pode ser uma assassina. Pintar, escrever, iniciar um novo negócio, fazer uma obra de caridade ou mesmo nos dedicar com tudo ao trabalho que já estamos fazendo são atividades sabotadas repetidamente por esse sussurro crítico dentro da nossa cabeça.

Em *Como Superar seus Limites Internos*, Steve dá nome a essa voz. Chama-a de Resistência. A Resistência não quer que nos dediquemos à tarefa mais importante da nossa vida – e não apenas que nos dediquemos a ela, mas que lutemos com unhas e dentes para realizá-la.

Como sair dessa?

Como Superar seus Limites Internos sugere uma estratégia para combater esse inimigo perverso. Steve a denominou: "tornar-se profissional". Quando nos tornamos profissionais, deixamos para trás nossas atitudes amadoras e anunciamos, ainda que só para nós mesmos, que merecemos nossas cicatrizes de guerra e aprendemos, seguindo em frente, a nos classificar como profissionais.

Ao longo de dez anos, Steve ouviu muitas e muitas vezes as perguntas: "Como podemos nos tornar profissionais? O que isso significa, de fato? O que fazem os profissionais que o restante de nós não faz?".

Steve trabalhou três anos em *Torne-se Profissional*. Seu objetivo era encontrar uma abordagem mais profunda e, ao mesmo tempo, mais prática ao modo de operar a transição de amador para profissional. Essa abordagem demorou tanto para se materializar que antes ele publicou duas outras obras de não ficção: *The Warrior Ethos* e *Do the Work* (com o Domino Project, de Seth Godin). Era importante apressar-se. Acho que você está contente pela espera ter terminado.

Você vai notar, na lombada do livro em inglês (ou na página-título do seu *e-Book*), que a editora americana de *Torne-se Profissional* (*Turning Pro*) se chama Black Irish Books. Com muito prazer, revelo que Black Irish Books é apenas outro nome para dois sujeitos (Steve e eu) que combatem a Resistência diariamente... assim como você.

Não é segredo que o mundo editorial está passando por uma mudança radical. As barreiras ao acesso desmoronaram, e, em consequência disso, as oportunidades aumentaram exponencialmente. Steve e eu unimos forças como cofundadores da Black Irish Books para também subirmos ao ringue.

Pretendíamos publicar livros simples para inspirar, encorajar e fortalecer artistas, empreendedores e atletas cuja ambição fosse não seguir simplesmente o rebanho, esperando ser conduzido por outros, mas tomar o destino nas próprias mãos – ouvir sua vocação e concretizá-la.

Torne-se Profissional não é um livro que estamos publicando; é um livro que também estamos vivenciando.

– Shawn Coyne

LIVRO UM

A VIDA DO AMADOR

A CONDIÇÃO HUMANA

O *The Daily Show* revelou recentemente que cientistas japoneses inventaram um robô capaz de reconhecer a própria imagem no espelho.

"Quando o robô aprender a detestar o que vê", disse Jon Stewart, "alcançará sua plena humanidade."

TRÊS MODELOS DE AUTOTRANSFORMAÇÃO

Quando odiamos nossa vida e a nós mesmos, dois modelos se apresentam como tábuas de salvação.

O primeiro é o terapêutico. Nele, dizem-nos (ou dizemos a nós mesmos) que estamos "doentes". O que nos incomoda é uma "condição" ou "doença".

Tanto a condição quanto a doença podem ser remediadas com "tratamento".

Agora, estamos "doentes"; após o tratamento, estaremos "sãos". Então ficaremos felizes e capacitados a agir produtivamente na sociedade e no mundo.

Essa é uma maneira de encarar nossos problemas.

O segundo é o modelo moralista, que diz respeito ao bem e ao mal. Estamos infelizes, dizem-nos (ou dizemos a nós mesmos), porque fizemos algo "errado". Cometemos um "crime" ou um "pecado".

Em algumas versões do modelo moralista, nem precisamos errar: o ser humano, dizem-nos, é que nasceu errado.

A resposta para a condição de erro é punição e penitência. Quando "cumprirmos nossa sentença" ou "reconhecermos nossos pecados", seremos "libertados" ou "perdoados".

Então, felizes, poderemos agir produtivamente na sociedade e no mundo.

Este livro propõe um terceiro modelo: do amador e do profissional.

A tese deste escrito é: aquilo que nos incomoda nada tem a ver com estarmos doentes ou errados. Aquilo que nos incomoda é o fato de estarmos vivendo nossa vida como amadores.

A solução, conforme o livro sugere, é nos tornarmos profissionais.

Tornar-se profissional é gratuito, mas não é fácil. Você não precisa fazer um curso ou comprar um produto. Basta modificar sua mente.

Tornar-se profissional é gratuito, mas tem um custo. Quando nos tornamos profissionais, renunciamos a uma vida que talvez fosse extremamente confortável. Renunciamos a um eu com o qual nos identificávamos e chamávamos de nosso. Pode ser que precisemos renunciar a amigos, a amantes ou mesmo a cônjuges.

Tornar-se profissional é gratuito, mas exige sacrifício. A passagem é, muitas vezes, acompanhada de uma odisseia interior cujas vicissitudes são superadas somente a um grande custo emocional, psicológico e espiritual. Atravessamos uma membrana quando nos tornamos profissionais. Isso machuca. É complicado e assustador. Nos suga o sangue.

Tornar-se profissional não é para qualquer um. Temos de ser um pouco loucos para fazer isso ou mesmo para querer fazê--lo. Em muitos casos, a passagem nos escolhe; nós não a escolhemos. Simplesmente não temos escolha.

Quando nos tornamos profissionais, encontramos nosso poder. Encontramos nossa vontade, nossa voz, nosso autorrespeito. Transformamo-nos naquilo que sempre fomos, mas que até então tínhamos medo de aceitar e viver.

Você se lembra de onde estava no 11 de Setembro? Pois vai se lembrar quando se tornar profissional.

MINHA VIDA COMO AMADOR

Na casa dos 20 anos, passei um inverno em uma pensão em Durham, na Carolina do Norte, que era uma casa de recuperação para pacientes antes internados em hospitais psiquiátricos públicos. Eu não era um deles, mas a lei da metáfora me levou até lá tão implacavelmente como se fosse.

Os moradores da pensão não eram de modo nenhum "loucos". Eram um grupo complexo e interessante de indivíduos, como eu nunca vira. Fiz amigos. Encontrei ali um lar.

Conversávamos muito à noite. Tomávamos o café na cozinha comunitária e falávamos sobre livros e política, ou sobre se os alienígenas eram mensageiros do futuro ou de Deus.

Eu era o único na casa de recuperação que tinha emprego. Ganhava 1,75 dólar na oficina de uma empresa de transporte, onde treinava para ser caminhoneiro. Todos na casa de recuperação recebiam ajuda do governo. Assistentes sociais apareciam de vez em quando para avaliar as pessoas, acompanhar sua recuperação e aconselhá-las no processo de reintegração à sociedade e ao mundo real.

Comecei a me perguntar como fora parar naquele lugar, com aquela gente. Por que me sentia tão em casa? Seria aquele meu destino?

Então, uma noite, tive um sonho: eu entrava no meu quarto e encontrava minhas camisas dobradas e postas na gaveta (em vez de ficarem amontoadas na bagunça usual). Minhas botas não estavam mais debaixo da cama, onde eu sempre as deixava, mas perfiladas, em boa ordem. Haviam se engraxado a si mesmas.

Ao acordar, pensei: "Sou ambicioso! Tenho ambição!".

Não contei o sonho a nenhum morador da casa de recuperação. Na realidade, até hoje não contara a ninguém. Mantive-o só para mim. Era meu segredo.

Levei muito tempo para aceitar a ideia de que era ambicioso. Sentia-me culpado por isso. Quem era eu para querer "subir mais" que meus irmãos e irmãs ou planejar ser "melhor" que qualquer outra pessoa?

Na casa de recuperação, a emoção dominante era o medo. Ninguém jamais falou sobre isso, mas o medo permeava cada centímetro do espaço. Cada morador da casa vivenciara, à própria maneira, a desintegração de sua personalidade. Cada morador fracassara ao longo do caminho, fracassara por completo, fracassara sozinho. Cada morador contemplara sua aniquilação face a face, e isso os intimidara tremendamente.

Decidi que era hora de deixar a casa de recuperação. Encontrei uma casinha de blocos de cimento, ao lado de uma rodovia no interior, que aluguei por quinze dólares semanais.

Ainda guardo uma foto dessa casa. Não tinha eletricidade, banheiro, água corrente ou aquecimento. Tinha porta da frente, mas não porta dos fundos. Nada de janelas nem de móveis. Eu dormia em um colchão que arrastava para um canto, onde a chuva não podia alcançá-lo. Cozinhava minha comida no quintal, sobre um fogo de gravetos de pinheiro que recolhia no mato.

Comecei a dirigir para a empresa de transporte. Deram-me minha primeira carga e me mandaram para a estrada, de modo que não importava muito ter uma casa. Quase todas as noites, eu dormia na cabine do caminhão. Comia em cafés e paradas ao longo da estrada.

Guardo a foto da casa por um motivo: ela mudou minha vida. Encontrá-la e me mudar para lá foi meu primeiro ato como adulto que acolheu a ideia de ambição.

A ambição, acabei por acreditar, é o fundamento mais primitivo, mais sagrado, de nosso ser. Sentir ambição e pô-la em prática é ouvir o único chamado de nossa alma. Não realizar a ambição é voltar as costas a nós mesmos e à razão de nossa existência.

Os primeiros pruridos de ambição me salvaram, colocando-me no caminho para me tornar um artista e profissional.

MEU PRIMEIRO HERÓI

Um gato ruivo costumava aparecer, às vezes, quando eu morava naquela casa do interior. Era um velho bichano sofrido que vivia no mato. À noite, quando estava em casa, eu preparava minha comida em uma pequena fogueira, no quintal. O gato se materializava e se sentava à minha frente enquanto eu comia. Não pegava os pedaços de carne que eu lhe atirava de vez em quando. Não era bicho de estimação de ninguém.

A geografia de nossas refeições era que eu me sentava em um degrau de cimento na parte de trás da casa. A fogueira crepitava à minha frente, em um círculo de pedras, sobre um pedaço de gramado. A mata começava a uns três metros dali. O gato ruivo se sentava na orla da mata e ficava me olhando. Não se deitava. Permanecia sentado diante de mim, com as grandes patas dianteiras sob o corpo.

O gato me fitava com expressão, ao mesmo tempo, de condescendência e desdém. Não havia dúvida para nós sobre qual dos dois era o ser superior ou que possuía autocontrole e autossoberania. Não havia dúvida sobre qual de nós podia se cuidar e não precisava de ninguém. O gato me olhava como se tentasse decidir se iria ou não me dar uma surra.

Eu admirava aquele gato ruivo, que se tornou modelo para mim. Eu queria ser igual a ele. Sentia sua falta quando não aparecia.

Sua presença era, para mim, um bom agouro e sinal de que talvez eu estivesse no bom caminho.

MINHA SMITH-CORONA

O que, de fato, estava acontecendo naquela casa do interior? Resposta: eu estava me escondendo.

Na traseira da minha van Chevy, sob pilhas de lixo e peças enferrujadas, ocultava-se minha velha máquina de escrever Smith-Corona. Por que eu não a jogava fora, uma vez que não a usava?

Medo e vergonha pairavam sobre mim e sobre a casa, tal como haviam pairado sobre cada palmo da casa de recuperação, na cidade. Eu me sentia aterrorizado à ideia de me sentar diante daquela máquina e tentar escrever alguma coisa, e com vergonha de mim mesmo por saber que estava aterrorizado, além de incapaz de agir.

Minha ambição era escrever. No entanto, eu a sepultara tão fundo que ela só vinha à luz em sonhos ou quando me brotava alguma ideia, o que só acontecia em momentos inesperados, para logo desaparecer sem deixar traço.

Tudo que eu estava fazendo em minha vida exterior era consequência e expressão daquele terror e daquela vergonha.

CARREIRAS FALSAS

À s vezes, quando estamos aterrorizados à ideia de seguir nossa verdadeira vocação, adotamos, em lugar dela, uma vocação falsa. Essa carreira falsa é uma metáfora para nossa carreira real. A forma é semelhante; os contornos parecem assombrosamente os mesmos. Mas uma carreira falsa não acarreta nenhum risco concreto. Se falharmos nela, as consequências não terão significado nenhum para nós.

Você está seguindo uma carreira falsa?

Está se doutorando em estudos elisabetanos porque tem medo de escrever as tragédias e comédias que pressente em você? Está fingindo levar uma vida de músico sem compor música? Está trabalhando para um inovador porque não quer correr o risco de inovar?

Se está insatisfeito com sua vida atual, tente descobrir para o que ela está servindo de metáfora.

Essa metáfora vai lhe indicar o caminho para sua verdadeira vocação.

MINHA CARREIRA FALSA

Minha carreira falsa (tive mais de uma) foi dirigir caminhões.

No fim da casa dos 20 anos e início da dos 30, dirigi caminhões para ganhar a vida. Percorri a Costa Leste a partir de Durham, na Carolina do Norte, e depois atravessei o país até a Califórnia, com base em Seaside. Levava aquilo a sério e estava firmemente decidido a ter uma vida de caminhoneiro.

O que fazia era fugir da escrita.

Dirigir caminhões era, para mim, a versão falsa de escrever, pois ser caminhoneiro equivalia, na minha imaginação, a ser forte e viril (o mesmo que pensava a respeito de ser escritor). Atividade interessante; eu nunca me aborrecia. Era uma carreira da qual podia me orgulhar, uma ocupação que me parecia adequada.

Dirigir caminhões era um trabalho honesto. Você trabalha por 1 dólar e recebe 1 dólar. Meus colegas eram bons rapazes, rapazes direitos, como eu aspirava ser. E era preciso coragem para ser caminhoneiro. Dirigir pelas montanhas à noite, do Oeste da Carolina e da Virgínia até a Virgínia Ocidental, era trabalho arriscado, com tantas subidas íngremes, descidas abruptas, curvas fechadas, a maioria mal iluminada e mal sinalizada. Para ganhar velocidade para subir a próxima ladeira, era preciso pisar fundo e levar 30 toneladas de caminhão e carga morro acima o mais rápido possível. Tinha de fazer isso porque a inclinação diminuía a marcha, e atrás vinha uma fila de outros caminhões, com os motoristas xingando.

E havia o "romance da estrada". Eu gostava da estrada porque ela sempre nos leva a alguma parte. Nunca se fica em um lugar só. Depois de entregar uma carga numa fábrica ou num armazém, eu podia jogar conversa fora com os moradores locais – eles estavam presos, eu estava livre. Em poucos minutos eu saía da cidade e pegava de novo a estrada.

Obviamente, eu estava me enganando.

A estrada não me levava a lugar nenhum.

Eu não escrevia. Não enfrentava meus demônios. Contemplava a vida na tela de cinema do para-brisa da cabine, enquanto cada quilômetro percorrido só me distanciava cada vez mais do lugar aonde eu precisava ir e daquilo que eu precisava me tornar.

QUATRO VIVAS À VIDA DE AMADOR

Antes de começar a desconstruir impiedosamente a vida de amador, façamos uma pausa para reconhecer: a vida de amador é nossa juventude. É nossa jornada do herói.

Ninguém nasce profissional. Você precisa cair para chegar ao fundo, e, às vezes, a queda é uma grande aventura.

Portanto, um viva à cegueira e ao divórcio, ao emprego perdido, à autoestima perdida. Um viva à vida na rua. Um viva aos anos de que não mais nos lembramos. Um viva aos maus amigos e às esposas tagarelas – e a nós também, por termos culpa pelos dois.

No fim das contas, tornar-se profissional nada mais é que crescer.

O que são, exatamente, as carreiras falsas? O que é a vida de amador? O que são vícios, obsessões, atividades protelatórias? Como podemos aprender com tudo isso, aproveitar tudo isso, depois de renunciar à vida na rua e começar a viver nossa vida real?

MINHA CARREIRA FALSA, SEGUNDA PARTE

Quando eu estava no colégio, li um livro de Jack Kerouac, *Pé na Estrada*. Esse livro me fez a cabeça. A vida *beat*, boêmia que Kerouac descrevia, era, a meu ver, a mais legal, a mais romântica de que eu já ouvira falar. Eu adorava a ideia de correr o país trabalhando aqui e ali, conhecendo pessoas e mergulhando na "vida real".

Muitos outros garotos leram esse livro e pensaram a mesma coisa. Mas poucos foram idiotas a ponto de tentar vivê-lo.

De novo, eu confundia a vida do escritor com a vida real.

Minha carreira de caminhoneiro era uma tentativa de profissionalizar a vida na estrada. Na realidade, não foi má ideia. Espantou os demônios de meus anos anteriores, quando eu corria sem rumo da Costa Leste para a Costa Oeste, do Norte para o Sul, perguntando-me por que a vida que eu estava levando não se parecia em nada com a existência *beat* que Jack Kerouac descobrira.

Mas a vida é estranha, e as coisas acontecem à própria maneira bizarra.

Quando finalmente me tornei profissional e comecei a publicar livros, meu agente literário era um cavalheiro chamado Serling Lord, da Sterling Lord Literistic, em Nova York. Sterling representara Jack Kerouac e foi ele quem primeiro conseguiu a publicação de *Pé na Estrada*.

A VIDA FALSA

Na vida falsa, vivemos na negação e agimos por vício. Fazemos coisas que não nos levam a lugar nenhum e deixamo-nos controlar por compulsões que não conseguimos entender (ou das quais não temos consciência). O resultado é ficarmos presos, inconscientes e sem rumo.

A vida falsa é a vida do amador. Nela, perseguimos objetivos enganosos e damos ouvidos a ambições invertidas.

A vida falsa, a vida do amador e a vida do viciado não são nada boas.

Quanto mais nos apegamos a ela, mais nos afastamos do nosso verdadeiro objetivo e mais difícil se torna, para nós, reunir coragem para recuar.

VICIADA EM AMOR

Tenho uma amiga viciada em amor. (Eu também sou.) Conheço-a desde sempre, e é absolutamente doloroso ouvir a crônica de seus romances. Ela passa de uma paixão devoradora a outra. Sente-se agoniada quando está tendo um caso, e o caso, invariavelmente, termina em agonia. Creio que você não ficará surpreso se eu lhe disser que essa mulher é uma das pessoas mais dotadas, mais talentosas que já conheci. É um prodígio no piano. Suas fotografias ganham prêmios. E é uma atleta quase de primeiro nível. Como nadadora, participou umas cinco vezes da travessia de Maui-Big Island em mar aberto.

Com o passar dos anos, minha amiga elaborou uma filosofia – quase se pode chamá-la de religião – sobre a busca do sublime por meio do amor. É uma filosofia tão complexa e convincente que ela não só consegue persuadir a si mesma de sua veracidade como convenceria a mim e a você se a ouvíssemos por tempo suficiente. Trata-se de uma filosofia hipnotizante. Ao mesmo tempo, é tedioso vê-la transitando de um grande amor para o seguinte, cada drama sendo encenado exatamente como os outros, e todos terminando no mesmo beco sem saída.

Minha amiga sabe que isso é Resistência. Falamos sobre o assunto uma centena de vezes. Ela está fugindo de seus dons e sabe disso. Mas o hábito está enraizado demais. Minha amiga se identificou com ele. Ele é ela.

HÁBITOS

Este livro trata de hábitos.

A diferença entre um amador e um profissional está nos hábitos de cada um. Um amador tem hábitos de amador. Um profissional tem hábitos de profissional.

Jamais conseguimos nos desvencilhar dos hábitos. O ser humano é uma criatura de hábitos. Entretanto, podemos substituir maus hábitos por bons. Podemos trocar os hábitos do amador e do viciado pela prática do profissional, do artista dedicado ou do empreendedor.

Talvez ajude, como ponto de partida, examinarmos o mundo interior do produto mais passional e mais trágico do hábito: o viciado.

BELOS PERDEDORES

Você já notou que os viciados são quase sempre pessoas muito interessantes?

O vício, em si, é tremendamente tedioso. É tedioso porque é previsível – mentiras, evasões, autojustificativas óbvias, desculpas esfarrapadas. Contudo, o próprio viciado é, muitas vezes, uma pessoa agradável e fascinante.

Se ele consumiu drogas por certo tempo, sua história costuma ser um verdadeiro romance, repleto de drama, conflito e intriga. Se a droga do viciado é o álcool, a narrativa quase sempre traz perda de emprego, abuso doméstico, divórcio, abandono dos filhos, falência. Se a droga é pesada, a história relata problemas com a lei, crime, prisão, violência e até mesmo morte.

Sem dúvida, você e eu podemos ser viciados em muitas coisas: amor, sexo, adoração de filhos ou pais, dominação, submissão. Podemos até ser viciados em nós mesmos (ver Charlie Sheen e Donald Trump). Tais indivíduos costumam ser absolutamente fascinantes e entediantes ao mesmo tempo.

Qual é, então, a conexão entre vício e Resistência?

ARTE E VÍCIO

Durante anos, mantive um *post* semanal em meu *website* (www.stevenpressfield.com) chamado "Writing Wednesdays" [Escrevendo às Quartas-Feiras]. De longe, as entradas mais populares nesse espaço foram em minha série "Artist and Addict" [Artista e Viciado]. Um dos pontos ali tratados era que não há grande diferença entre um artista e um viciado.

Muitos artistas são viciados, e vice-versa. Muitos são artistas em uma hora e viciados em outra.

Qual é a diferença?

O viciado é o amador; o artista é o profissional.

Ambos lidam com o mesmo material: a dor de ser uma criatura humana e a luta contra a autossabotagem. Contudo, o viciado/amador e o artista/profissional encaram esses elementos de maneira muito diferente.

(Quando digo "vício", devo esclarecer, não estou me referindo apenas às doenças clínicas graves, como alcoolismo, dependência de drogas, abuso doméstico etc. Navegar na *web* também é um vício. Mandar mensagens de qualquer tipo, enviar mensagens sexuais, tuitar e não sair do Facebook, igualmente.)

Distrações.

Atividades protelatórias.

Quando vivemos como amadores, fugimos de nossa vocação, ou seja, de nosso trabalho, de nosso destino, da obrigação de nos tornarmos nosso eu superior mais verdadeiro.

O vício passa a substituir nossa vocação. Adotamos o vício em vez de ouvir a vocação. Por quê? Porque ouvir a vocação implica trabalho. É difícil. Machuca. Exige que entremos na zona dolorosa do esforço, do risco e da exposição.

Assim, preferimos o caminho do amador. Em vez de compor nossa sinfonia, improvisamos uma "sinfonia falsa", da qual nós próprios somos a orquestra, o maestro, o compositor e o público. Nossa vida se torna um drama falso, uma empresa falsa, uma atividade filantrópica falsa.

Você já foi a Nova Orleans? Nas cidades do Sul, que lembram Tennessee Williams (Savannah e Charleston também me ocorrem), você encontra "personagens". A velha senhora colorida com 39 gatos, o sujeito de cabelos vermelhos que transformou seu apartamento em um santuário dedicado a James Dean. No Sul, você pode fazer essas coisas. É moda. A representação falsa chegou a tal ponto que se tornou folclore e mesmo (quase) arte.

Minha vida era um romance falso. Com enredo, personagens, cenas de sexo e de ação. Com humor, atmosfera, textura. Era assustadora, estranha, excitante. Eu tinha amigos que interpretavam filmes falsos, criavam arte falsa, iniciavam negócios falsos. Esses eram os nossos vícios, e nós os explorávamos ao máximo. Só havia um problema: ninguém ali estava escrevendo um romance de verdade, pintando um quadro de verdade ou iniciando um negócio de verdade. Não passávamos de amadores vivendo no passado ou sonhando com o futuro enquanto falhávamos completamente em fazer o trabalho necessário para progredir no presente.

Quando você se torna profissional, sua vida se torna simples.

Às vezes, o monge zen, o artista e o empresário levam vidas tão singelas que quase ficam invisíveis. O *dojo* de Miyamoto Musashi era menor que minha sala de estar. Para ele, os objetos eram supérfluos. No fim, não precisava nem da espada.

O amador é egoísta. Pega sua dor pessoal e usa-a para chamar a atenção sobre si. Cria uma "vida", um "personagem", uma "personalidade".

O artista e o profissional, por outro lado, tomaram outro rumo. Afastaram-se, com sucesso, de seu eu. Ficaram tão entediados consigo mesmos e tão fartos de suas ninharias que agora conseguem manipular esses elementos do mesmo modo como um técnico da HazMat manipula o plutônio mais destrutivo.

Manipulam-se para o bem dos outros. O que antes eram sinfonias falsas se transformam em sinfonias reais. A cor e o drama que antes estavam fora se movem para dentro.

Tornar-se profissional é um ato de autoabnegação. Não o *Self* com "S" maiúsculo, mas o pequeno *self* com "s" minúsculo. Ego. Distração. Protelação. Vício.

Quando nos tornamos profissionais, a energia que antes entrou no Romance Falso entra no Romance Verdadeiro. O que antes pensávamos ser real – o "mundo", incluindo seu epicentro, nós – se revela uma simples sombra. E o que parecia apenas um sonho é agora a realidade de nossa vida.

RESISTÊNCIA E VÍCIO

O indivíduo pré-viciado – isto é, você e eu quando jovens – tem uma vocação. Para a arte, para o serviço ao próximo, para o sacrifício honroso. Em suma, alimenta uma aspiração positiva, uma visão do eu superior e realizado que pode vir a ser.

O ímpeto dessa vocação é seguido imediatamente pelo surgimento da Resistência.

Medo.

Insegurança.

Autossabotagem.

O que torna esse episódio extremamente delicado é que a maioria de nós não tem, no momento, consciência nem das aspirações nem da Resistência. Estamos adormecidos. Percebemos que algo está errado, mas não sabemos como corrigir o erro. Ficamos inquietos. Ficamos entediados. Ficamos furiosos. Ansiamos por fazer algo grandioso e ignoramos por onde começar; e, se começamos, sentimo-nos tão amedrontados que não conseguimos dar nem mais um passo.

Recorremos, então, a uma bebida, a um amante, a um hábito.

Substituímos a aspiração pelo vício.

O curto prazo prevalece sobre o longo prazo.

VÍCIO E CARREIRAS FALSAS

Quando não conseguimos suportar o medo, a vergonha e a autorrecriminação que sentimos, nós os substituímos por um vício. O vício torna-se a versão falsa, o gêmeo malévolo de nossa vocação para o serviço ou a arte.

Por isso, os viciados são tão interessantes e chatos ao mesmo tempo.

São interessantes porque querem *alguma coisa* – alguma coisa nova, única, que mal conseguimos esperar para vê-los realizando.

Mas também são chatos porque nunca realizam nada.

Ao contrário, o viciado simula sua aspiração. O vício torna-se seu romance, sua aventura, seu grande amor. A obra de arte ou o serviço que poderiam ter sido produzidos cedem lugar ao drama, ao conflito e ao sofrimento na vida maluca, assombrada e desfeita do viciado.

O VICIADO COMO HERÓI DRAMÁTICO

Robert McKee, no seminário "Story", garante que as principais qualidades de um protagonista de ficção – isto é, o herói de um livro ou um filme – são a paixão e a vontade de levar a história ao limite da experiência humana, para alcançar seu objetivo.

(Do contrário, não haveria história.)

Essa monomania heroica também é a definição do viciado. Ele vende a própria mãe para comprar drogas.

POR QUE NÃO CONSIGO ME LIVRAR DO VÍCIO

Os vícios não são "maus". São simplesmente as formas falsas de vocações mais nobres e elevadas. Nossos vícios são também nossas vocações, mas criptografadas e incógnitas.

São metáforas para o nosso eu melhor, a versão codificada de nossas aspirações superiores.

Os vícios e as carreiras falsas são mensagens enviadas em uma garrafa por nosso inconsciente. Nosso *Self*, no sentido apresentado por Jung, tenta chamar nossa atenção, intervir em nossa vida.

A pergunta que devemos fazer em relação a uma carreira falsa ou a um vício é a mesma que o psicoterapeuta faz em relação a um sonho. "O que nosso inconsciente está tentando nos dizer?"

"PUXANDO O PINO"

Quando eu tinha 29 anos, passei um tempo colhendo maçãs em Chelan, Washington. Esse trabalho parece idílico, bem sei, mas era muito, muito duro. Trabalho de migrantes.

Isso durou seis semanas. Começou com as Romes, depois passou para as Deliciouses; quando o frio começou, foi a vez das Winesaps. Essas eram as mais difíceis de colher. Cortavam a carne das mãos com seus esporões agudos e afiados, sobretudo quando as colhíamos antes do nascer do sol, com gelo nos galhos e os dedos endurecidos pelo frio. Um dos melhores colhedores era um rapaz chamado Dave. Ele fora soldado de infantaria na Primeira Divisão de Fuzileiros no Reservatório Chosin, na Coreia, em novembro-dezembro de 1950, quando a temperatura caía a trinta graus abaixo de zero e as tropas americanas estavam cercadas por 67 mil soldados do Nono Exército Chinês – uma das piores e mais heroicas provações da história militar dos Estados Unidos. Perguntei a Dave como ele colhia as Winesaps. "Com muito sofrimento", foi a resposta.

Dave era um grande sujeito – esperto, engraçado, generoso –, que escolhera viver "ao acaso", como diziam os Wobblies na década de 1920. Era um alcoólatra que morava a maior parte do ano em um hotel de Skid Row, em Seattle (a expressão "Skid

Row", segundo me contou Dave, vem de "Skid Road" [Estrada de Patins], por onde os madeireiros rolavam suas toras até o porto sobre uma espécie de patins (*skids*)). Mas, na época da colheita, ia trabalhar com maçãs em Washington e com cerejas em Marysville, na Califórnia. Recebia pensão do governo por invalidez, mas era um colhedor tão eficiente que conseguia guardar um bom dinheiro para o inverno trabalhando um pouco no outono.

Éramos pagos por caixa (120 cm × 120 cm e 90 cm de profundidade) de maçãs colhidas. Quando comecei, eu conseguia encher duas por dia, nunca mais de três. Dave normalmente enchia seis, sete, oito. Ganhávamos quatro dólares por caixa, talvez seis, não me lembro. E uma gratificação de um dólar por caixa no fim da estação, caso ainda estivéssemos lá.

Dave ficava, e eu também, mas a maioria dos *tramps* "puxava o pino".

O que é um *tramp*, afinal? Dave explicava: "*Tramp* é um trabalhador itinerante. *Hobo* é um itinerante não trabalhador. *Bum* é um não itinerante não trabalhador".

A expressão "puxar o pino" vem dos velhos tempos das ferrovias. Para desengatar um vagão de outro, a equipe tirava um grande pino de aço do mecanismo de engate.

No jargão dos migrantes, "puxar o pino" significa "ir embora". Você acordava e o beliche ao lado estava vazio. "O que aconteceu com Jim?" "Puxou o pino."

Eu também já puxara muito o pino. No caso do meu primeiro livro, em 99,9% do processo. Puxei o pino no meu casamento. Até então, eu nunca fizera nada na vida sem puxar o pino.

Mas agora estava determinado a NÃO puxar mais o pino.

Perguntei a Dave por que ele e outros *tramps* bebiam vinho. "Bebidas destiladas destroem o fígado", foi a resposta. "Uísque bom é caro; uísque ruim é veneno. Cerveja? Você precisa beber uma caixa para chegar aonde quer. E, se não tiver carro, como vai levar a caixa? Além disso, vai urinar a noite inteira. O vinho é melhor. Pode-se ficar decentemente embriagado com uma garrafa ou duas, e ele é feito, pelo menos em parte, de um produto natural: uvas. E quem sabe não seja até nutritivo?"

Eu era a única pessoa no dormitório que tinha carro e dava carona a todo mundo para a cidade. Mas a maioria ficava mesmo no pomar. O trabalho começava logo ao amanhecer; no fim do dia, quase todos estavam tão cansados que só queriam esvaziar uma ou duas garrafas e meter-se debaixo de um cobertor.

Eu não bebia. Preferia conversar com o pessoal.

Jack era, provavelmente, o mais simpático dos "*tramps* de fruta". Parecia-se com Steve McQueen e era um ótimo mecânico de automóveis, além de um colhedor quase tão rápido quanto Dave. Costumava tossir sangue em tal quantidade que as fronhas de seu travesseiro não podiam ser lavadas; tinham de ser jogadas fora. Perguntei-lhe por que não arranjava um emprego de verdade. Morreria, não havia dúvida, caso continuasse na estrada.

"Tentei, cara, e muitas vezes. No ano passado, o marido da minha irmã me contratou em Enid, Oklahoma, de onde sou. Eu tinha emprego, um pequeno e belo apartamento e até uma namorada."

Perguntei a ele o que acontecera.

"Acordei certa manhã e não suportei mais. Puxei o pino."

"PUXANDO O PINO", SEGUNDA PARTE

Duas coisas me impressionaram em relação aos migrantes daquele alojamento. Primeiro, eram ótimos rapazes. Nem loucos nem estúpidos. Davam instruções, ajudavam; dividiam tudo, até o último dólar. Eram inteligentes e bem-humorados. Muitos liam. Muitos entendiam de política e podiam contribuir com mais ideias que os sabichões pagos das telecomunicações.

Segundo, haviam alcançado o tipo de paz de quando se caiu tanto que já não importa cair mais. Não havia como piorar. Dave ou Jack poderiam dormir no chão e catar comida. Se a Bomba explodisse, sobreviveriam sem nenhuma mudança.

Há algo muito natural, pensava eu, na vida que se segue às temporadas. A raça humana fez isso por milhões de anos. Quando a temporada chegava ao fim em Washington, a próxima safra começava a amadurecer na Califórnia. "Vai colher cerejas?", perguntou-me Dave.

Eu queria ir. Se não tivesse um livro para terminar (de modo a não puxar mais o pino) e meu gato, Mo, para cuidar, iria. Dei a Dave uma carona até a rodovia. Pude vê-lo pelo retrovisor com o polegar para cima, indo para o Sul, enquanto eu ia para o Oeste.

A vida que chamamos de "normal" não é normal coisa nenhuma. Esposa, filhos, emprego das nove da manhã às cinco da tarde... quem disse que isso é vida? Que há de tão grandioso em trabalhar em uma fábrica ou num cubículo?

Você e eu, artistas e empreendedores, vivemos uma vida mais próxima do natural, se quer saber.

Também migramos. Seguimos a Musa em vez do Sol. Quando uma safra foi colhida, colocamos o pé na estrada e vamos para a próxima.

Não é uma vida ruim.

É solitária. É dura. Não é para todos. Mas, como a vida do migrante na estrada, tem suas compensações.

Dave podia ser alcoólatra (e certamente não iria parar), mas essa era a vida que ele queria viver. Sua mãe, seu pai, suas irmãs e sua ex-mulher escolheram essa vida para ele? Ele próprio a escolheu?

Todavia, Dave estava disposto a pagar o preço de suas escolhas. Pagava-o com o trabalho duro, com as dificuldades e com os olhares atravessados que as pessoas lhe dirigiam na rua.

Essas pessoas não conheciam Dave.

Ele era um bom trabalhador e um bom sujeito. Nunca puxaria o pino.

Era profissional.

A DEFINIÇÃO DE TÉDIO

O que é tedioso não leva a lugar nenhum. Anda em círculos. Nunca chega ao destino.

A natureza repetitiva da vida falsa e do vício é que torna ambos tão tediosos. Não se começa. Não se progride. Fica-se sempre na mesma espiral sem fim.

Por isso, o vício é um inferno.

Todos os vícios têm, entre outras, duas qualidades primárias.

1. Alimentam a repetição sem progresso.
2. Sua recompensa é a incapacidade.

A RECOMPENSA DA INCAPACIDADE

Vocês se lembram de minha amiga viciada em amor?

Ela é encantadora, interessante, bonita, inteligente e tem espírito aventureiro. Se você leu sua história na *Vanity Fair*, talvez tenha pensado: "Uau, que vida brilhante essa mulher leva, cheia de drama, romance e *glamour*! Eu gostaria de viver assim".

Amo minha amiga, mas ela desperdiçou sua vida.

Sei disso porque eu mesmo desperdicei muitas etapas da minha.

Minha amiga usou a busca do amor para produzir incapacidade, e isso funcionou para ela durante décadas. Seus múltiplos talentos permaneceram inexplorados, não testados, não concretizados. Ela se tornou uma versão de si mesma, mas uma versão falsa, uma versão pelo avesso, uma versão estropiada. Minha amiga é infeliz e não pode, ou não quer, mudar.

Talvez você não concorde comigo. Talvez ache que minha amiga leva uma vida formidável. E talvez esteja certo.

Distração e protelação parecem, à primeira vista, atitudes inocentes. Que mal fazemos a nós mesmos quando nos divertimos, procuramos romance ou degustamos os frutos desse mundo imenso, magnífico?

Mas as vidas vão para o ralo a cada repetição, a cada adiamento, a cada digitação de 140 caracteres.

O que se segue são exemplos, sem ordem preestabelecida, de uma série de vícios que não chegam aos pés da dependência química pesada, mas têm força suficiente para inutilizar, deformar e destruir nossa vida.

VICIADO EM FRACASSO

Há uma diferença entre fracassar (parte natural e normal da vida) e ser viciado em fracasso. Quando somos viciados em fracasso, gostamos dele. Toda vez que fracassamos, sentimo-nos aliviados.

Há, no fracasso, um *glamour* que vem sendo explorado há séculos por poetas famintos, suicidas românticos e outras almas que se autodefinem como dominadas pela fatalidade. Esse *glamour* inverte o fracasso e o transforma em "sucesso".

Já tive um romance com essa deusa. E você? O atrativo do fracasso pode ser tão intoxicante quanto a droga mais poderosa.

Sua recompensa é a incapacidade. Quando fracassamos, ganhamos a liberdade. Recebemos autorização para deixar a cadeia. Não precisamos mais perguntar as famosas três questões de Stanislavski e responder a elas:

Quem eu sou? Por que estou aqui? O que desejo?

VICIADO EM SEXO

Se vícios e carreiras falsas são metáforas, o sexo é a maior delas e a mais difícil de decodificar.

Por que somos obcecados por sexo? Ele representa conquista ou rendição? Estamos atrás do esquecimento do orgasmo ou da transcendência que sobrevém após escaparmos do ego?

A união com outra pessoa é nosso objetivo ou o que tentamos fazer é dominar e humilhar nosso parceiro?

Sexo é amor? Procuramos uma alma gêmea, uma mãe/um pai? Ansiamos por encontrar Deus?

"Não sei por que tanto barulho em torno do sexo", disse o comediante. "É apenas fricção!"

Minha teoria é a de que a busca obsessiva de sexo não passa de uma tentativa de obliterar o ego, isto é, a consciência "normal", a mente irrequieta que nos tortura com preocupações, medo, cólera, egoísmo.

Tentamos alcançar um nível acima desse.

A entidade à qual queremos nos unir somos nós mesmos.

Tentamos nos conectar com nosso verdadeiro ser, nossa alma, nosso *Self*.

VICIADO EM DISTRAÇÃO

A Resistência odeia duas qualidades acima de quaisquer outras: a concentração e a profundidade. Por quê? Porque, quando trabalhamos com foco e profundidade, obtemos êxito.

Como Tom Brady dominou a arte dos passes longos? Como Picasso pintava? Como Yo-Yo Ma aprendeu a tocar violoncelo?

A Resistência quer nos deixar superficiais e desatentos. Por isso, torna intoxicantes o que é superficial e sem fundamento.

Você checou seu *e-mail* na última meia hora? Quando se senta para trabalhar, deixa a internet ligada?

Saber tudo o que as Kardashians estão fazendo é desastroso.

VICIADO EM DINHEIRO

A verdadeira utilidade do dinheiro é servir como meio de troca. Se possuirmos um bode em Esmirna, não precisaremos carregar o pobre animal nos braços até Alepo para trocá-lo por um tapete. Podemos vendê-lo em Esmirna, pôr um dárico no bolso e ir a Alepo comprar o tapete com ele.

No entanto, quando somos viciados em dinheiro, ficamos presos à metáfora.

É com o dinheiro que marcamos pontos? Ele é mágico? A riqueza é uma chave que abre portas, concretiza possibilidades, produz transcendência?

A metáfora do dinheiro só perde em exuberância para a do sexo. Mas, como no caso dos desejos carnais, nosso verdadeiro objetivo é a chave do nosso próprio coração. (O mesmo se aplica ao poder, à fama e a todas as outras expressões exteriores de domínio.)

O que você e eu estamos realmente procurando é nossa própria voz, é nossa própria verdade, é nossa própria autenticidade.

VICIADO EM PROBLEMAS

Há mais de dois milhões de presidiários nos Estados Unidos e outros cinco milhões em liberdade condicional. Mas quantos milhões mais estão autoaprisionados em ciclos de abuso (por parte de outros ou de si mesmos) e habituados a outras formas de vício, corrupção e depravação?

Por que os problemas são tão intoxicantes?

Porque sua recompensa é a incapacidade.

As cicatrizes e tatuagens do presidiário são sua sinfonia falsa, seu poema épico adiado, sua obra-prima não pintada. O indivíduo viciado em problemas nunca sai da cadeia porque se sente mais seguro atrás das grades que livre no mundo. Toda vez que é libertado dá um jeito de voltar.

A recompensa do prisioneiro é a libertação da angustiante necessidade de identificar, aceitar e materializar os sonhos e as visões do seu eu mais profundo, mais nobre e mais honroso.

O ANO EM QUE ME TORNEI PROFISSIONAL

Eu estava com 31 anos. Economizara dois mil e setecentos dólares e resolvi me mudar de Nova York para uma cidadezinha do norte da Califórnia. Aluguei uma casa nos fundos de outra por cento e cinco dólares ao mês. Possuía minha velha caminhonete Chevy, minha máquina de escrever Smith-Corona e meu gato, Mo.

Toda segunda-feira de manhã ia ao Bank of America para sacar vinte e cinco dólares, que durariam pelos próximos sete dias.

Não conversei com ninguém durante o ano em que me tornei profissional. Não saía para encontrar pessoas. Só trabalhava. Eu tinha um livro na cabeça e resolvera terminá-lo ou me matar. Não podia mais fugir, decepcionar os outros, decepcionar a mim mesmo. Era matar ou morrer.

Eu não tinha TV, rádio, música. Não fazia sexo nem praticava esportes. Não lia jornais. No café da manhã, comia fígado e ovos. Era como Rocky.

No início da manhã, descia a River Road até a casa do meu amigo Paul Rink, que era, na realidade, uma barraca montada numa picape. Paul escrevia. Fora amigo de Henry Miller no

Big Sur. Paul me mostrou quais livros eu deveria ler e em quais escritores deveria prestar atenção. Eu fazia isso à noite. Li todos os livros que supostamente devemos ler na faculdade, mas que não lemos nunca, ou lemos sem prestar atenção. Li Tolstoi, Dostoievski e Turgueniev. Li Cervantes, Flaubert, Stendhal, Knut Hamsun e todos os americanos, exceto Faulkner.

Escrevia em minha velha Smith-Corona, cujo carro ia e vinha mecanicamente enquanto eu datilografava. Meu gato Mo se enroscava na escrivaninha, do lado esquerdo da máquina, de modo que o carro passava por cima de sua cabeça, indo e voltando. Ele nem ligava.

Quando fiquei sem dinheiro no fim desse período, fui colher maçãs no estado de Washington, onde conheci Dave e Jack. Finda a estação, eu economizara duzentos e cinquenta dólares após pagar aluguel, gás e consertos do carro. Fui para o Sul e voltei a trabalhar no livro.

Um dia, datilografei FIM. Foi quando, como disse em *Como Superar seus Limites Internos*, percebi que vencera a Resistência. Conseguira terminar algo.

Não encontrei um editor para o manuscrito, nem deveria encontrar. Não era bom o bastante. Tive de arranjar um trabalho de verdade como publicitário em Nova York, economizar de novo, sair de novo e escrever um novo livro, e não encontrei um editor porque esse também não era bom o bastante. Digo o mesmo dos nove roteiros de cinema que escrevi pelos próximos X anos (nem me lembro quantos), até receber meu primeiro cheque de três mil e quinhentos dólares e voltar imediatamente a escrever roteiros, que não consegui vender.

Durante esse primeiro ano, às vezes dizia a mim mesmo: "Steve, agora você está com sorte, não tem distrações, pode se concentrar em tempo integral. O que vai fazer quando a vida se complicar de novo?".

No fim das contas, pouco importava. Aquele ano me transformou em profissional. Deu-me, pela primeira vez na vida, uma sequência de meses que só pertenciam a mim, dos quais só eu tinha notícia, meses em que fui verdadeiramente produtivo, enfrentei meus demônios e fiz, de fato, meu trabalho.

Aquele ano foi meu.

A DOR DE SER HUMANO

Os gnósticos achavam que o exílio era a condição essencial do homem. Você concorda? Eu, sim.

Tanto o artista quanto o viciado lutam contra essa experiência de exílio. Mostrando sensibilidade aguda, até mesmo dolorosa, ao estado de separação e isolamento, ambos tentam superá-lo, transcendê-lo ou, pelo menos, livrar-se da dor.

Qual é a dor de ser humano?

A condição pela qual ficamos suspensos entre dois mundos sem poder entrar em nenhum.

Como mortais, você e eu não conseguimos ascender à esfera superior, que pertence aos deuses. Mas também não conseguimos tirá-la da cabeça. Não conseguimos nos livrar de sugestões, fragmentos de lembranças... do quê? De uma morada anterior, talvez antes do nascimento, entre os imortais ou as estrelas.

Nosso quinhão é viver aqui na esfera inferior, a esfera das coisas passageiras e materiais, a dimensão presa ao tempo dos instintos e das paixões animais, do ódio e do desejo, da aspiração e do medo.

Você e eu aspiramos à esfera superior (e ela nos chama), mas às vezes nos sentimos muito bem aqui embaixo, no reino dos sentidos. Resumo: estamos relegados ao meio, como em "Stuck Inside of Mobile with the Memphis Blues Again".

DESESPERO JUDAICO
E DESESPERO IRLANDÊS

P eço licença para citar a mim mesmo com esta passagem de *Killing Rommel*.

Na história, o poeta e professor de Oxford, Zachary Stein, faz a seguinte distinção entre dois tipos de desespero:

> "O desespero judaico nasce da carência e pode ser curado pelo excesso. Dê cinquenta dólares a um judeu paupérrimo, e ele logo se recuperará. O desespero irlandês é diferente. Nada o alivia. O irlandês não se queixa das circunstâncias, que podem se tornar brilhantes pelo trabalho ou pela sorte, mas da injustiça da existência em si. Morte! Como pode uma Divindade benevolente nos conceder a vida e dar-lhe um fim tão cruel? Para o desespero irlandês, não há remédio. O dinheiro não ajuda. O amor acaba. A fama é passageira. A cura só pode vir da bebida e da emoção. Por isso, os irlandeses são beberrões tão nobres e poetas tão gloriosos. Ninguém canta nem lamenta como os irlande-

ses. Por quê? Porque eles são anjos aprisionados em vasos de carne".

Mas isso não acontece só com os irlandeses. A dor do ser humano é que todos somos anjos aprisionados em vasos de carne.

A DOR DE SER HUMANO, SEGUNDA PARTE

O viciado procura escapar à dor de ser humano recorrendo a um destes dois meios: transcendendo-a ou anestesiando-a. Em êxtase pelo poder de drogas pesadas, ele consegue, se tiver sorte, ter um vislumbre da face do Infinito. Se isso não acontece, ele pelo menos desmaia. Os dois meios funcionam. A dor desaparece.

O artista recorre a um método diferente. Tenta ascender à esfera superior não com drogas, mas com trabalho e amor.

(Quando digo "artista", refiro-me ao amante, ao santo, ao engenheiro, à mãe, ao guerreiro, ao inventor, ao cantor, ao sábio, ao viajante. E convém lembrar que o viciado e o artista podem ser a mesma pessoa, e muitas vezes são, alternadamente.)

Se a esfera superior é, como sugere Platão, a do perfeito amor, da verdade, da justiça e da beleza, então o artista procura invocar a magia desse mundo para criar, mediante trabalho e sorte, simulacros dessas qualidades que se aproximem o mais possível do sublime.

Essa busca acarreta, para o artista, paz de espírito.

LIVRO DOIS

FERIDAS AUTOINFLIGIDAS

INCAPACITAÇÃO ACIDENTAL

Nas trincheiras da Primeira Guerra Mundial, não era raro que soldados pegassem seus fuzis e literalmente dessem um tiro no pé. Alegavam que o tiro fora acidente, esperando ser mandados para o hospital e dispensados do serviço. Faziam isso para evitar a carnificina que os esperava quando vinha a ordem de "subir", isto é, de sair das trincheiras e irromper pela terra de ninguém contra o fogo de metralhadoras do inimigo.

Entre os militares, infligir-se ferimentos deliberadamente para evitar o serviço é chamado de "simulação". Pode levar à corte marcial e, em alguns exércitos, à execução.

Os hábitos e vícios do amador são feridas autoinfligidas conscientes ou inconscientes. Sua recompensa é a incapacitação. Quando pegamos um fuzil M1903 Springfield e abrimos um buraco no próprio pé, não precisamos mais encarar a luta real em nossa vida, luta graças à qual nos tornamos quem somos e cumprimos nosso destino, nossa vocação.

UMA DEFINIÇÃO DO AMADOR

O amador é jovem e calado. Inocente, de bom coração, bem-intencionado. O amador é corajoso. É criativo, cheio de recursos. Quer uma oportunidade.

Como Luke Skywalker, o amador nutre aspirações nobres. Tem sonhos. Procura liberdade e esclarecimento. E quer, espera pagar o preço.

O amador não é mau nem louco. Não é iludido nem demente. Ele deseja aprender.

Eu e você somos amadores.

O que é, exatamente, um amador? Como ele vê a si mesmo e ao mundo? Que qualidades caracterizam o amador?

O AMADOR VIVE ATERRORIZADO

O medo é a cor primária do universo íntimo dos amadores. Medo do fracasso, medo do sucesso, medo de parecer idiota, medo de não conseguir e de conseguir, medo da pobreza, medo da solidão, medo da morte.

O pior medo dos amadores, porém, é ser excluído da tribo, isto é, do grupo, da turma, da mãe e do pai, da família, da nação, da raça, da religião.

O amador receia, caso se torne profissional e ouça sua vocação, ter de encarar quem é e o que realmente pode fazer.

O amador fica aterrorizado à ideia de ser expulso e morrer ao relento caso a tribo descubra quem ele de fato é.

O PROFISSIONAL TAMBÉM VIVE ATERRORIZADO

Vale dizer que o profissional vive tão aterrorizado quanto o amador. Na realidade, pode viver mais aterrorizado que o amador porque tem mais consciência de si mesmo e de seu universo interior.

A diferença – veja a Parte Três – reside no modo como o profissional age em face do medo.

O AMADOR É UM EGOÍSTA

O amador identifica-se com o próprio ego. Acredita que é "ele mesmo". Por isso, vive aterrorizado.

O amador é um narcisista. Vê o mundo hierarquicamente. Avalia-se o tempo todo em relação aos outros, ficando vaidoso quando sua sorte aumenta e desesperadamente ansioso quando sua estrela declina.

O amador se vê como herói não apenas do próprio filme, mas também dos filmes dos outros. Insiste (pelo menos em sua cabeça) que todos partilhem de suas ideias.

O amador compete com os outros e acha que só pode subir se o competidor descer.

Se pudesse, o amador devoraria o mundo – mesmo sabendo que, fazendo isso, provocaria a própria extinção.

O AMADOR VIVE DA OPINIÃO ALHEIA

Embora a identidade do amador esteja localizada no ego, esse ego é tão fraco que não consegue se definir com base na própria avaliação. O amador permite que seu valor e sua identidade sejam definidos por outros.

O amador faz questão de ser valorizado por terceiros.

É tiranizado por uma concepção imaginária daquilo que se espera dele.

Permanece prisioneiro do que julga dever pensar, parecer, fazer, ser.

O AMADOR DEIXA QUE O MEDO O IMPEÇA DE AGIR

Paradoxalmente, a arrogância do amador o impede de agir. Ele se leva tão a sério, assim como as consequências de seus atos, que fica paralisado.

O amador teme, acima de tudo, tornar-se (e ser visto e julgado como) ele mesmo.

Tornar-se ele mesmo significa ser diferente dos outros e, portanto, correr o risco de violar as expectativas da tribo, sem cuja aceitação e aprovação, ele acredita, não consegue viver.

Por isso, o amador nunca é autêntico. Permanece alheio ao que realmente é.

O AMADOR SE DISTRAI COM FACILIDADE

O amador tem uma longa lista de medos, encabeçada por solidão e silêncio.

O amador teme a solidão e o silêncio porque precisa evitar, a qualquer custo, a voz interior que o poria no rumo de sua vocação e do seu destino. Por isso, busca distrações.

O amador valoriza a superficialidade e foge da profundidade. A cultura do Twitter e do Facebook é o paraíso do amador.

O AMADOR PROCURA GRATIFICAÇÃO INSTANTÂNEA

Há algum tempo, havia um ditado popular: "Demais não é suficiente".

Demais não é suficiente, e cedo demais é muito tarde.

O amador, o viciado e o obsessivo querem tudo *agora*. Mas o resultado é: quando conseguem o que queriam, nada acontece. A inquietação não vai embora, a dor não cede, o medo volta depois que a exaltação arrefece.

O AMADOR É CIUMENTO

Por estar profundamente identificado consigo mesmo, o amador acha muito difícil ver o mundo pelos olhos dos outros. O amador é, quase sempre, indiferente ou insensível aos outros, mas guarda a crueldade mais refinada para si mesmo.

O medo do amador eclipsa sua compaixão pelos semelhantes e por si mesmo.

O AMADOR NÃO TEM COMPAIXÃO POR SI MESMO

Bem no fundo, o amador sabe que está se escondendo. Sabe que pode fazer melhor. Sabe que se afastou de sua natureza superior.

Se o amador tivesse simpatia por si mesmo, olharia no espelho e não odiaria o que vê.

Compadecer-se é o primeiro grande passo rumo à transição de amador para profissional.

O AMADOR PEDE PERMISSÃO

O amador acha que, antes de agir, precisa ter a permissão de Outro Onipotente – amante, cônjuge, parente, patrão, autoridade.

O amador fica sentado num banquinho, como Lana Turner na farmácia Schwab's, à espera de ser descoberto.

O AMADOR VIVE PARA O FUTURO

O amador e o viciado concentram-se exclusivamente no produto e no resultado. Sua preocupação é com o que podem lucrar da maneira mais rápida e barata.

A cultura do consumo foi criada para explorar o amador. Se você não acredita em mim, assista à TV durante dez minutos, folheie uma revista ou veja um *site* de vendas na internet.

Meu problema com a cultura americana é que praticamente todos os aspectos, inclusive as deliberações do Legislativo e do Judiciário, foram degradados para favorecer a cultura do amadorismo. A promessa feita por nossos produtos e políticos é a que se poderia fazer a uma criança ou um viciado:

"Vou dar o que você quer em troca de nada".

O AMADOR VIVE NO PASSADO

O amador, não possuindo nada de natureza espiritual hoje, olha para o amanhã, vislumbrando um futuro cheio de esperança, ou para ontem, imaginando um passado idílico. Mas o passado evocado pelo amador é de mentirinha. Nunca existiu. É um filme de "melhores momentos" que ele edita juntando fatos que quase aconteceram ou deveriam ter acontecido. De certo modo, o passado que o amador recupera é pior quando verdadeiro. Pois, então, ele realmente já se foi.

A recompensa de viver no passado ou no futuro é você nunca precisar fazer nada no presente.

O AMADOR ESTARÁ PRONTO AMANHÃ

Dois produtores de Hollywood conversavam.

– Tenho notícias boas e ruins – disse um.

– Dê-me as boas primeiro.

– Lembra-se da mansão que queríamos alugar para a grande cena da festa, mas não conseguimos porque custaria cinquenta mil dólares para a noite? Bem, falei com o cara e ele vai alugá-la por dez mil.

– E quais são as ruins?

– Ele quer cem dólares adiantados.

O sinal inequívoco do amador é que ele faz milhões de planos que vão começar amanhã.

O AMADOR ENTREGA SEU PODER A OUTROS

Você já seguiu um guru ou um mentor? Eu já. Já entreguei meu poder a namoradas e esposas. Já aguardei, ansioso, ao lado do telefone. Já pedi permissão. Já apresentei trabalhos e esperei, tremendo, o julgamento de outros.

Entreguei meu poder de maneira sutil, sem que ninguém percebesse. E já fiz isso às claras, sem me envergonhar, à vista de todos.

Exílio, fracasso e banimento podem, às vezes, ser boas coisas, pois nos forçam a agir com base em nosso próprio centro, não no centro de outros.

Cumprimento-o por ter caído no fundo do poço, porque ali só está você.

O AMADOR ESTÁ DORMINDO

A força que pode salvar o amador é a consciência, sobretudo a autoconsciência. Mas o amador sabe, embora de maneira vaga, que, se obtiver de fato esse conhecimento, ficará obrigado a pô-lo em prática.

Pôr em prática a autoconsciência implica definir-se, isto é, diferenciar-se da tribo e, assim, ficar vulnerável à rejeição, à expulsão e a todos os outros riscos que a autodefinição acarreta.

O medo da autodefinição é que mantém o amador na condição de amador e o viciado na condição de viciado.

A TRIBO NÃO ESTÁ NEM AÍ

O amador evita se tornar quem realmente é por temer que essa nova pessoa seja julgada "diferente" pelos outros. A tribo nos considerará "esquisitos", "extravagantes" ou "doidos". A tribo nos rejeitará.

Mas a verdade é: a tribo não está nem aí.

Não existe tribo.

A gangue ou o grupo que imaginamos nos amparar graças aos vínculos que nos unem são, de fato, conglomerados de indivíduos tão infelizes e aterrorizados quanto nós. Cada um deles está tão envolvido nos próprios problemas que não tem tempo para se preocupar com você ou comigo, nem para nos rejeitar ou humilhar por causa de nossas dificuldades.

Quando compreendemos que a tribo não está nem aí de fato, ficamos livres. Não há tribo e nunca houve.

Nossa vida só importa a nós mesmos.

PROFISSIONAIS DE MEIO PERÍODO

Às vezes, somos profissionais em nossa carreira falsa e amadores em nossa vocação verdadeira.

Quantos diretores de criação em agências de publicidade têm romances e roteiros inacabados nas gavetas de sua escrivaninha? Você deve conhecer advogados e médicos que seriam grandes ensaístas, romancistas ou historiadores, mas nunca vão além de algumas publicações insignificantes. Conheço produtores que querem ser diretores, mães que sonham ser empresárias, estudantes universitários que poderiam contribuir para retardar a mudança climática.

Às vezes, escolhemos uma carreira (consciente ou inconscientemente) para produzir incapacidade.

A Resistência é diabólica. Pode bloquear nosso anseio de grandeza e nosso instinto de profissionalismo, atrelando-nos a uma profissão falsa, cujas exigências nos impedem de aplicar nossas energias onde deveriam ser aplicadas.

Muitas vezes, é mais fácil ser profissional em uma carreira falsa que em nossa vocação verdadeira.

Agora, falemos sobre a atitude de tornar-se profissional.

A VIDA SE TORNA MUITO SIMPLES QUANDO VOCÊ SE TORNA PROFISSIONAL

O que acontece quando nos tornamos profissionais? Ouvimos a voz pequena e suave que fala em nossa cabeça. Por fim, encontramos a coragem para identificar o sonho secreto, o amor ou a bênção que sempre soubemos serem nossa paixão, nossa vocação, nosso destino.

Balé.

Conserto de motocicletas.

Uma clínica nas comunidades de São Paulo.

É disso, acabamos por reconhecer, que temos mais medo. E é isso (sabemos do fundo do coração) que temos de fazer.

SUA VIDA MUDA QUANDO VOCÊ SE TORNA PROFISSIONAL

Eu disse em *Como Superar seus Limites Internos* que podia dividir minha vida, nitidamente, em duas partes: antes e depois de me tornar profissional. E é verdade.

Não mudei depois de me tornar profissional. Não alcancei a iluminação. Sou a mesma pessoa que sempre fui, com as mesmas fraquezas e as mesmas vulnerabilidades. No entanto, desde que me tornei profissional, tudo é diferente.

Antes de nos tornarmos profissionais, nossa vida é dominada pelo medo e pela Resistência. Vivemos num estado de negação. Negamos a voz que fala dentro de nossa cabeça. Negamos nossa vocação. Negamos aquilo que realmente somos.

Fugimos do medo para um vício ou uma carreira falsa.

O que muda quando nos tornamos profissionais é que deixamos de fugir.

Sê bravo, meu coração! (escreveu Arquíloco, poeta e mercenário grego). *A pé firme e de ombros erguidos, arrasta o inimigo. Ataca-o em meio às lanças assassinas. Não cedas terreno.*

Quando nos tornamos profissionais, deixamos de fugir dos nossos medos. Viramo-nos e os encaramos.

SEU DIA MUDA QUANDO VOCÊ SE TORNA PROFISSIONAL

Quando nos tornamos profissionais, tudo fica simples. Concentramo-nos em organizar nossos dias de modo a superar os medos que antes nos paralisavam.

Agora, estruturamos nossas horas não para fugir do medo, mas para confrontá-lo e vencê-lo. Planejamos nossas atividades a fim de alcançar um objetivo. E colocamos nossa vontade a serviço dessa resolução.

Isso muda nossos dias completamente.

Muda a hora de acordarmos e a hora de irmos para a cama. Muda o que fazemos e o que não fazemos. Muda as atividades que praticamos e nossa atitude em relação a elas. Muda o que lemos e o que comemos. Muda a forma do nosso corpo.

Quando éramos amadores, nossa vida se resumia a dramas, negações, distrações. Nossos dias oscilavam entre o ponto de ruptura e o vazio doloroso, angustiante.

Mas já não somos amadores. Somos diferentes, e todos à nossa volta percebem isso.

AS PESSOAS MUDAM QUANDO VOCÊ SE TORNA PROFISSIONAL

O ato de nos tornarmos profissionais muda nossa maneira de empregar o tempo e as pessoas com as quais o empregamos.

Muda nossos amigos; muda nossas esposas e filhos. Muda quem atraímos e quem repelimos.

O ato de nos tornarmos profissionais muda a maneira com que os outros nos veem. Aqueles que continuam fugindo de seus medos tentam agora nos sabotar. Dizem que mudamos e tentam minar nossos esforços para mudar ainda mais. Tentam nos fazer sentir culpados por essas mudanças. Querem que fiquemos chapados como eles, que caiamos no buraco como eles, que percamos tempo como eles, tal qual fazíamos no passado; e, se recusamos, voltam-se contra nós e falam mal de nós pelas costas.

Ao mesmo tempo, outras pessoas aparecem em nossa vida. Pessoas que estão enfrentando seus medos e vencendo-os. Pessoas que serão nossos novos amigos.

Quando nos tornamos profissionais, somos forçados a fazer escolhas penosas. Haverá pessoas que no passado foram nossos colegas e sócios, ou mesmo amigos, mas com quem já não conseguiremos perder nosso tempo se nossa intenção for crescer e evoluir. Teremos de escolher entre a vida que desejamos para o nosso futuro e a vida que deixamos para trás.

SUA MENTE MUDA QUANDO VOCÊ SE TORNA PROFISSIONAL

Tornar-se profissional é como abandonar as drogas ou parar de beber. É uma decisão, uma decisão que precisamos tomar de novo a cada dia.

Os programas de doze passos aconselham: "Um dia de cada vez". O profissional diz a mesma coisa.

O profissional sabe que, diariamente, acordará para enfrentar de novo os mesmos demônios, a mesma Resistência, a mesma autossabotagem, as mesmas tendências às atividades falsas que sempre enfrentou.

A diferença é que agora não cederá a essas tentações.

Ele já as dominou e vai continuar dominando-as.

POR QUE NOS TORNAMOS PROFISSIONAIS

Tornar-se profissional é uma decisão. Mas uma decisão tão séria que provocará tamanha mudança em nossa vida (e com frequência é tomada em face de um medo esmagador), que esse momento será quase sempre acompanhado de muito drama, muita emoção. Não raro, é algo que temos evitado por anos, algo que jamais enfrentaríamos voluntariamente caso certos acontecimentos de peso não nos forçassem a isso.

Tornar-se profissional é como Pearl Harbor, o 11 de Setembro ou o assassinato do presidente Kennedy. Nunca nos esqueceremos de onde estávamos quando aconteceu.

Aqui estão dois momentos que ilustram o ato de tornar-se profissional:

A SENHORA X EM BAKERSFIELD

A senhora X é advogada em Los Angeles. Eis sua história:

Eu viajava sozinha de São Francisco para Los Angeles. Peguei a Interestadual 5 porque era mais rápida que a 101 e tinha um encontro inadiável. Cheguei a Bakersfield por volta das cinco horas e procurei um posto de gasolina.

Acordei no dia seguinte em um quarto de motel, sozinha, com as mesmas roupas da noite anterior e uma garrafa meio vazia de Jim Beam na mesinha de cabeceira.

Por que aquele momento foi diferente das centenas de outros que já vivera, não sei. Mas, olhando meu reflexo no espelho do banheiro, ouvi minha própria voz dizer: "Já chega, querida. Isso tem de parar".

O SONHO DE ROSANNE CASH

O que se segue é um trecho do livro de memórias *Composed*, de Rosanne Cash. Obrigado, Rosanne, por partilhá-lo. (Nota: "King's", na primeira frase, refere-se a *King's Record Shop*, o álbum de 1987 com quatro *singles* em primeiro lugar.)

Eu estava atrasada na preparação de *King's Record Shop*, que, segundo pensava, iria mudar minha vida.

Encontrara Linda Ronstadt algumas vezes – em Los Angeles, enquanto gravava em Lania Lane; quando me apresentei com Bonnie Raitt no Greek Theater e ela estava lá; e em muitas outras ocasiões, pois frequentávamos os mesmos círculos e trabalhávamos, às vezes, com os mesmos músicos.

Seu disco *Heart Like a Wheel* me impressionara muito na adolescência e eu o estudara assiduamente como grande exemplo de ponto de vista feminino em disco-conceito, a meu ver o melhor desde *Blue*, de Joni Mitchell, e igualmente importante como modelo para o que planejava fazer na vida.

Admirava, sobretudo, sua cuidadosa escolha das canções, que resultara em um álbum muito equilibrado, e queria também fazer algo com um conceito igualmente unificado, mas como compositora.

Quando comecei a gravar *King's*, li uma entrevista de Linda na qual ela dizia que, para crescer artisticamente, você precisa "refinar suas habilidades para apoiar seus instintos". Isso causou tão grande impressão em mim que recortei o artigo e o guardei. Pouco depois, sonhei que estava em uma festa, sentada num sofá com Linda e um homem idoso entre nós. De algum modo, eu sabia que ele se chamava Art. Os dois falavam animadamente, concentrados na conversa. Tentei me meter na discussão e comentei alguma coisa para o idoso. Ele se voltou aos poucos para mim e, olhando-me dos pés à cabeça, com ar de inequívoco desdém e falta de interesse, disse: "Não respeitamos diletantes", e virou-se de novo para Linda.

Acordei profundamente humilhada, abalada até o fundo da alma. Vinha me sentindo pouco à vontade na comunidade de Nashville e no negócio da música como um todo. Achava-me, sobretudo, compositora, mas só escrevera três canções para *King's*. Era famosa e bem-sucedida; tudo aquilo, porém, me parecia vazio, e as falsidades iam se acumulando. Com mais sucesso, viera mais pressão para eu me comportar de certa maneira, seguir determinada linha, fundar um fã-clube (coisa que me recusei a fazer), participar de eventos mirabolantes e agir como se o cenário da música *country* fosse uma religião à qual eu pertencesse. Resisti ao impulso para o conformismo, para a aceitação de uma estética medíocre, para minha inclusão em uma hierarquia preestabelecida. Não queria moleza; queria estar nas trincheiras, onde brotava a inspiração. Meu desgosto provocou aquele sonho. Carl Jung disse que uma pessoa pode ter cinco "grandes" sonhos na vida – sonhos que causam uma mudança na consciência –, e aquele era o meu primeiro.

A partir daí, mudei minha maneira de encarar a composição, mudei minha maneira de cantar, mudei minha ética profissional, mudei minha vida. O forte desejo de me tornar uma compositora melhor respondia perfeitamente à minha nascente amizade com John Stewart, autor de "Runaway Train" para *King's Record Shop*. John me aconselhou a expandir o tema de minhas canções, bem como minha escolha de linguagem e minha mente. Toquei canções novas para John e, embora ele as achasse "perfeitas" demais, o que era anátema para mim, repetia muitas vezes: "Mas onde está a LOUCURA, Rose?". Saí em busca da loucura. Procurei Marge Rivingston em Nova York para cuidar de minha voz e comecei a treinar, como se fosse uma corredora, tanto a técnica quanto o pique.

Por coincidência, Marge trabalhava também com Linda, coisa que eu não sabia quando a procurei. Passei a prestar atenção em tudo, dentro e fora do estúdio. Se pressentia que estava devaneando – hábito antigo e arraigado –, forçava-me a acordar e voltar ao momento presente. Em vez de brincar com as ideias, eu as analisava e depois testava a autenticidade de meus instintos musicais. Ampliei conscientemente o alcance de minha atenção. Li os livros de Natalie Goldberg e Carolyn Heilbrun sobre escrita, passando a revisar e a aperfeiçoar mais meu trabalho enquanto mergulhava fundo em cada processo que envolvesse as técnicas literária e musical. Concluí que, antes, trabalhava apenas dentro de meus limites conhecidos – nunca saindo da zona de conforto para assumir riscos de verdade... Comecei a pintar para entender a ausência de palavras e sons e por que precisava deles. Tive lições de pintura com Sharon Orr, que dava aulas num estúdio chamado Art and Soul.

Permaneci completamente humilhada pelo sonho que me acompanhava em todas as horas de vigília enquanto concluía *King's Record Shop*... Esperava que a nova gravação refletisse meu novo comprometimento.

Rodney (Crowell, então marido de Rosanne) estava no auge como produtor musical, mas, depois do sonho, eu me sentia curiosamente uma principiante no estúdio. Tudo parecia novo, assustador e muito excitante. Eu despertara do sono de morfina do sucesso para a vida de artista.

QUANDO EU MESMO ME TORNEI PROFISSIONAL

O que se segue foi extraído do capítulo "Resistência e Cura", de *Como Superar seus Limites Internos*:

> Há duas décadas, em Nova York, eu ganhava vinte dólares por noite dirigindo um táxi e fugindo, em tempo integral, do meu trabalho. Certa noite, sozinho em meu apartamento alugado por cento e dez dólares ao mês, concluí que me desviara por caminhos falsos a tal ponto que já não conseguia racionalizar mais a situação. Peguei minha velha máquina de escrever, achando aquela a experiência mais inútil, mais sem sentido e, por que não dizer, mais penosa que podia imaginar. Por duas horas, fiquei sentado ali, me torturando, escrevendo coisas que ia jogando no lixo. Não aguentei mais. Empurrei a máquina para longe e fui até a cozinha. Na pia, louça de dez dias. Por algum motivo, senti-me com disposição suficiente para lavá-la. A água morna era

agradável. O sabão e a esponja faziam seu trabalho. Uma pilha de pratos limpos começou a crescer no escorredor. Para meu espanto, notei que estava assobiando.

Senti que havia dobrado uma esquina.

Ótimo.

Dali para a frente, tudo iria bem.

Você entendeu? Eu não tinha escrito nada que prestasse. Levaria anos para que escrevesse alguma coisa boa, se é que um dia isso fosse acontecer. Mas pouco importava. O importante era que, após anos fugindo, eu havia me sentado e trabalhado.

A NATUREZA DAS EPIFANIAS

Normalmente, achamos que momentos de ruptura são momentos de êxtase que nos levam para um nível superior. E é verdade. No entanto, existe aí um paradoxo. Na hora, a epifania parece um tormento. Como o sonho de Rosanne Cash, uma epifania nos esmaga. Ela nos expõe, nos deixa nus. Vemo-nos como somos, e isso não é nada bonito.

A essência das epifanias é que elas destroem as autoilusões. Pensávamos ser X; agora, de repente, vemos que somos -X. Um X dividido ao infinito.

Esse momento encerra um enorme poder.

Sim, perdemos alguma coisa. Uma autoilusão muito querida teve de ser abandonada, e isso machuca.

No entanto, ganhamos a verdade. Nossas conversas sem sentido desapareceram. O véu caiu de nossos olhos. Nesse momento, temos duas opções:

1) Podemos recuperar nossas conversas sem sentido.

2) Ou podemos nos tornar profissionais.

A VERGONHA É COISA BOA

No instante que se segue à epifania, acontecem conosco duas coisas que não aconteciam noventa segundos antes: temos a realidade e temos a humildade. Grandes aliadas.

Temos também uma terceira força trabalhando a nosso favor: a vergonha. Por que a vergonha é uma coisa boa? Porque ela pode gerar o elemento final de que necessitamos para mudar nossa vida: a vontade.

As epifanias machucam. Não há glória nenhuma nas epifanias. Elas apenas produzem boas histórias nas reuniões dos Alcoólicos Anônimos ou tarde da noite, entre outros soldados nas trincheiras.

Esses soldados sabem do que se trata. Cada um tem sua história sobre o momento terrível, assustador, excruciante em que tudo começou a girar à sua volta.

LIVRO TRÊS

A MENTALIDADE PROFISSIONAL

QUALIDADES DO PROFISSIONAL

Em *Como Superar seus Limites Internos*, fiz a lista dos seguintes hábitos e das qualidades que o profissional possui e o amador, não:

1) O profissional é paciente.
2) O profissional quer ordem.
3) O profissional desmistifica.
4) O profissional age apesar do medo.

E mais:
5) O profissional não aceita desculpas.
6) O profissional joga de acordo com as condições.
7) O profissional está sempre preparado.
8) O profissional não se exibe.
9) O profissional procura dominar a técnica.
10) O profissional não hesita em pedir ajuda.
11) O profissional se distancia de seu instrumento.
12) O profissional não leva o fracasso (ou o sucesso) pelo lado pessoal.
13) O profissional suporta a adversidade.

14) O profissional valida a si mesmo.
15) O profissional reconhece suas limitações.
16) O profissional se reinventa.
17) Um profissional é reconhecido por outros profissionais.

Aqui vão mais algumas qualidades, antes de passarmos para uma expressão mais elevada do profissionalismo:

O PROFISSIONAL É CORAJOSO

O profissional mostra coragem não apenas nos papéis que assume (e que o assustam terrivelmente), ou por causa dos sacrifícios que faz (de tempo, amor, família), e mesmo por ter de suportar críticas, censuras, inveja ou incompreensão, mas, acima de tudo, porque precisa confrontar as próprias dúvidas e seus demônios.

O jogador de futebol e o soldado agem como parte de uma equipe. Mas o artista e o empreendedor entram em combate sozinhos. Tiro o chapéu para todos os homens e todas as mulheres que fazem isso.

O PROFISSIONAL NÃO SE DISTRAI

O amador "tuíta". O profissional trabalha.

O PROFISSIONAL É DURO CONSIGO MESMO

Picasso estava em seu estúdio parisiense (a história é verdadeira) com o dono da galeria onde seus quadros eram exibidos e vendidos. O espanhol mostrava suas últimas séries de retratos, nos quais trabalhara por meses. O dono da galeria estava extasiado com aquelas obras. Não via a hora de expô-las e começar a vendê-las.

De repente, Picasso pegou uma espátula, aproximou-se do primeiro quadro e cortou-o de alto a baixo, para horror do dono da galeria.

"Pablo! *Arret*, Pablito!"

Mas Picasso não parou. De espátula na mão, foi de quadro em quadro e reduziu-os a tiras.

O profissional sabe quando não alcançou os próprios padrões. Destruirá suas obras sem piedade, se isso for preciso, para manter-se fiel à deusa e às suas próprias expectativas de excelência.

O PROFISSIONAL TEM PIEDADE DE SI MESMO

Há alguns anos, tive a oportunidade de observar um famoso treinador adestrar seus puros-sangues. Eu imaginava que o processo era árduo, como o treinamento na marinha. Mas, para minha surpresa, parecia mais uma brincadeira.

O trabalho era sério, como na hora de ensinar os potros de 2 anos a entrar no portão de largada, e os cavalos aprendiam facilmente. O treinador fazia de tudo para que o adestramento fosse divertido. Quando um cavalo se cansava, ele o tirava da pista. Quando ficava entediado ou irrequieto, ele nunca o forçava a continuar e aguentar o tranco.

Ele explicou:

> O cavalo é um animal que foge. Mesmo um garanhão preferirá, se puder, a fuga ao confronto. Imagine a pessoa mais sensível que já conheceu: um cavalo é dez vezes mais sensível. É um sistema nervoso nu, particularmente o puro-sangue. Uma criança. Um cavalo de 3 anos, por maior e mais rápido que seja, não passa de um bebê. Os

cavalos entendem o chicote, mas não quero um corredor que corra dessa maneira. Um cavalo que gosta de correr vencerá o que corre porque é obrigado, todos os dias da semana.

Quero que meus cavalos amem a pista. Quero que meus auxiliares precisem mantê-los presos de manhã, quando os veem ansiosos para sair e correr.

Nunca treine seus cavalos até a exaustão. Deixe que queiram mais.

O PROFISSIONAL VIVE NO PRESENTE

O amador gasta seu tempo no passado e no futuro. Permite-se ter medo e esperança.

O profissional disciplinou-se a banir essas distrações.

Quando Stephen Sondheim faz um chapéu, não pensa em outra coisa. Mergulha no trabalho. Perde-se na tarefa e no momento.

O PROFISSIONAL ADIA A GRATIFICAÇÃO

Sou culpado de olhar meu *e-mail*. E você?
Somos doidos.

O que imaginamos que vamos encontrar em nossa caixa de entrada?

A criança que conseguia ficar sentada por três minutos com um *marshmellow* à sua frente na mesa, sem comê-lo, era recompensada com dois *marshmellows* quando o pesquisador voltava.

Mas isso é tão maluco quanto a consulta à caixa de entrada.

Krishna disse que temos direito ao nosso trabalho, não aos frutos desse trabalho. Ele queria dizer que o piano é sua própria recompensa, como o são a tela, a barra e a moviola.

Danem-se os *marshmellows*.

O PROFISSIONAL NÃO ESPERA PELA INSPIRAÇÃO

Não somos nada sem a Musa. Mas o profissional aprendeu que a deusa valoriza o esforço e a dedicação muito mais que a solicitação teatral de seus favores. O profissional não espera pela inspiração; age antes.

Sabe que, quando a Musa vê seu traseiro na cadeira, vem em seu auxílio.

O PROFISSIONAL NÃO ENTREGA SEU PODER A OUTROS

O dicionário define "ícone" como um artigo (digamos, uma relíquia que já pertenceu a um santo ou a um místico) que serve como objeto de culto.

Uma pessoa pode ser um ícone.

Quando transformamos alguém em ícone, renunciamos ao nosso poder. Dizemos a nós mesmos (inconscientemente): "Essa pessoa tem qualidades que eu não tenho. Então, vou cultuá-la na esperança de que essas qualidades passem para mim ou de que eu as adquira graças à minha proximidade com esse mentor/sensei/amante/professor/herói".

Pela minha experiência, quando projetamos uma qualidade ou virtude em outro ser humano, nós mesmos quase sempre já as possuímos, mas temos medo de aceitar (ou viver) essa verdade.

O amador é um seguidor, um submisso. O profissional pode buscar instrução ou sabedoria em alguém que sabe mais que ele, mas faz isso sem renunciar à autossoberania.

O PROFISSIONAL AJUDA OS OUTROS

Quando terminei o manuscrito de *Gates of Fire*, ele tinha oitocentas páginas. Meu agente, Sterling Lord, embora gostasse do livro, disse que não poderia submetê-lo aos editores se eu não cortasse pelo menos trezentas. Isso era como me pedir para amputar não um, mas dois membros. Fiquei arrasado.

Uma das pessoas a quem Sterling mostrou o manuscrito foi Tom Guinzburg, que dirigiu por anos a Viking Press. Um homem na posição de Tom mal passaria os olhos pela obra de um escritor desconhecido. Ele, porém, fez mais que isso. Mandou-me um recado, que ainda conservo. A parte mais importante era:

> "Há coisa boa aí, Steve. Tenho certeza de que você vai descobri-la e trabalhá-la".

Eu mal conhecia Tom, e ele mal me conhecia. Contudo, se você soubesse quantas vezes reli essa nota em busca de inspiração, acharia que éramos amigos havia muito tempo.

O amador guarda para si seu conhecimento e suas posses. Acredita que, se dividir o que tem com outros, perderá tudo.

O profissional gosta de ensinar. De boa vontade, dá uma mãozinha ou um estímulo. Mas há uma ressalva.

O profissional detesta ser "iconizado". Não por razões egoístas, mas por saber quão destrutiva é a dinâmica da iconização para quem iconiza. O profissional partilha sua sabedoria com outros profissionais – ou com amadores decididos a se profissionalizar.

Como o "Art" do sonho de Rosanne Cash, ele não perde tempo com diletantes.

E QUANTO À MAGIA?

A mentalidade profissional funciona de duas maneiras. Para nós, é importante entender a diferença.

Em primeiro lugar, a mentalidade profissional é uma disciplina que usamos para superar a Resistência. A fim de eliminar os hábitos de autossabotagem que levam à procrastinação, à insegurança, à distração, ao perfeccionismo e à superficialidade, recrutamos os hábitos fortalecedores da ordem, da regularidade, da disciplina e da busca intransigente da excelência. Isso não é difícil de entender.

Mas e quanto à magia? E quanto à loucura? Que dizer de lampejos de brilhantismo e explosões incontroláveis de gênio? Onde entra aqui a mentalidade profissional? Ela não será severa, dura ou controladora demais?

Resposta: não.

O monge vislumbra a face de Deus não escalando um pico do Himalaia, mas sentando-se em silêncio.

Yoga, meditação e artes marciais chegam à alma por intermédio do corpo. O físico leva ao espiritual. O humilde produz o sublime.

Parece contraintuitivo, mas é verdadeiro: a fim de atingir o "fluxo", a "magia", a "esfera superior", começamos sendo comuns, prosaicos, trabalhadores. Passamos as mãos pelas pedras do muro do jardim e procuramos, procuramos, até que, finalmente, quando já estamos prestes a desistir, nossos dedos encontram a porta secreta.

Como crianças correndo para um prado, cruzamos a soleira e esquecemos tudo, exceto a borboleta que esvoaça diante de nossos olhos.

Dessa brincadeira surgem *Guernica*, *O Poderoso Chefão* e o Museu Guggenheim de Bilbao.

UM FUZILEIRO GANHA DOIS SALÁRIOS

Quando seus jovens fuzileiros se queixam do salário, um conhecido sargento de artilharia lhes explica que eles recebem dois:

Um salário financeiro e um salário psicológico.

O salário financeiro deles é realmente modesto. Mas o que dizer do salário psicológico – o sentimento de orgulho e honra; de pertencer a uma fraternidade com longa história de coragem e bravura; de saber que, não importa o que aconteça, você continuará membro dessa fraternidade pelo resto da vida? E o sargento artilheiro pergunta: quanto vale isso?

Você e eu, como artistas e empreendedores, também recebemos dois salários.

O primeiro pode ser chamado de recompensa convencional – dinheiro, aplauso, atenção. Isso é ótimo, quando possível. O problema é que não é possível para todos. Queimamos as pestanas treinando, praticando, estudando e ensaiando... mas ninguém aparece, ninguém nota, ninguém nem sequer fica sabendo que existimos. Não é de admirar que muitas pessoas desistam. A luta exige muito sofrimento para pouco lucro.

Essa é a recompensa convencional.

E há a recompensa psicológica.

Lembre-se: Krishna explicou a Arjuna que ele tinha direito a seu trabalho, não aos frutos desse trabalho. Referia-se aos frutos convencionais. Por acaso, o monge medita apenas para alcançar a iluminação? E se nunca conseguir alcançá-la?

O que o bailarino ganha com a aula de balé? Para o ator, é divertido interpretar? Por que o cantor canta e o diretor de cinema filma?

Quando nos entregamos ao trabalho pelo trabalho (sei que é fácil dizer, mas difícil fazer), somos como o fuzileiro que dorme numa trincheira sob a chuva gelada, mas sabe um segredo que só ele e os camaradas partilham.

Quando fazemos um trabalho pelo trabalho, a busca de uma carreira (de segurança, fama, fortuna ou destaque) transforma-se em outra coisa, em algo mais elevado e nobre, sobre o qual talvez nunca tenhamos pensado e a que, em princípio, nem sequer aspirávamos.

Transforma-se em prática.

MEUS ANOS NA SOLIDÃO

De certa maneira, tive sorte por fracassar durante muitos anos. Como não houvesse recompensas convencionais, fui obrigado a me perguntar: por que estou fazendo isso? Sou doido? Todos os meus amigos ganham dinheiro, acomodam-se e vivem vidas normais. Por que eu não? Tenho a cabeça fraca? Que há de errado comigo?

No fim, dei as respostas com base na conclusão de que eu não tinha escolha. Não podia fazer mais nada. Quando tentava, ficava tão deprimido que essa sensação era insuportável. Assim, depois que escrevia mais um romance ou roteiro que não conseguia vender, não tinha escolha a não ser escrever outro roteiro ou outro romance. Na realidade, eu me divertia. Talvez ninguém mais gostasse do meu trabalho, mas eu gostava. Estava aprendendo. Estava melhorando.

O trabalho se tornou, bem à sua maneira insensata, uma prática. Amparou-me. E ainda me ampara.

A MENTALIDADE PROFISSIONAL COMO PRÁTICA

Mas, afinal, o que é prática?

"Prática", em yoga, tai chi ou caligrafia, é o ato de seguir um regime rigoroso, prescrito para levar a mente e o espírito a um nível superior.

A prática implica envolvimento com um ritual. A prática pode ser definida como um exercício diário e responsável de dedicação, vontade e intenção voltadas, em um nível, à conquista da excelência em determinada área e, em outro mais elevado, à comunhão com um poder maior que nós, não importa o nome que lhe dermos: Deus, espírito, alma, *Self*, Musa, superconsciente.

O que se segue são aspectos de qualquer prática.

A PRÁTICA TEM SEU ESPAÇO

A prática tem seu espaço, e este é sagrado.

Há um livro maravilhoso chamado *Where Women Create*. Trata-se de uma compilação de fotos de estúdios e *workshops* em que várias mulheres artistas fazem sua mágica. São espaços de ceramistas, tecelãs, estofadoras, costureiras, arquitetas, escultoras, pintoras, cineastas, editoras. O livro tem um texto excelente, mas você não precisa lê-lo. Basta olhar para esses espaços sagrados. Eis o que verá:

Ordem.

Dedicação.

Paixão.

Amor.

Intensidade.

Beleza.

Humildade.

Vinte e seis artistas com 26 odisseias pessoais diferentes. Muitas dessas odisseias, sem dúvida, incluem divórcio, coração partido, alcoolismo etc. Mas todas as mulheres no livro citado superaram, na vida artística, esses obstáculos e todas penetraram no mesmo espaço.

Todas prestam serviço à Musa. E cada uma descobriu, nesse serviço, sua essência única e autêntica.

A PRÁTICA TEM SEU TEMPO

Os monges, com seus mantos cor de açafrão, sobem os degraus para o *zendo* na mesma hora, todos os dias. Quando o abade toca o sino, eles juntam as mãos e se sentam.

Você e eu temos, sem dúvida, de operar em um universo mais caótico. Mas o objetivo permanece o mesmo: chegar ao mistério pelo caminho da ordem, da dedicação e da intenção apaixonada.

Quando nos reunimos dia após dia no mesmo espaço e na mesma hora, uma tremenda energia brota à nossa volta. É a energia de nossa intenção, de nossa dedicação, de nosso compromisso.

A deusa percebe essa energia e lhe dá a devida recompensa.

A PRÁTICA TEM UMA INTENÇÃO

Quando Stevie Wonder se senta ao piano, em seu estúdio, não está ali para brincar. Está ali para trabalhar.

A Regra das Dez Mil Horas, tornada famosa por Malcolm Gladwell no livro *Outliers*, postula que a excelência em qualquer campo, seja cirurgia do cérebro ou arremesso veloz de bola num jogo, exige aproximadamente dez mil horas de prática. Mas o segredo, segundo Gladwell, é a concentração na prática.

É preciso haver intenção.

Nossa intenção, como artistas, é melhorar, ir mais fundo, tentar chegar ao âmago das coisas.

ENCARAMOS A PRÁTICA
COMO GUERREIROS

O mestre espadachim, ao penetrar na arena, sabe que encontrará adversários poderosos. Não os adversários físicos com os quais vai lutar (embora estes, sem dúvida, possam representar o inimigo), mas o inimigo real, que está dentro dele mesmo.

O monge, ao meditar, sabe disso. Como o yogue, o editor de filmes, o criador de *videogames* ou de *softwares*.

Nós, profissionais, enfrentamos todos os dias os monstros e as quimeras que Perseu, Belerofonte ou São Jorge enfrentaram.

O mestre espadachim, antes de entrar em combate ritual, fez interiormente as pazes com a própria extinção. Está preparado para abandonar tudo na arena, incluindo a vida.

ENCARAMOS A PRÁTICA COM HUMILDADE

Podemos colocar a intenção e a intensidade em nossa prática (aliás, devemos), mas não o ego. A dedicação e até a ferocidade, sim; a arrogância, nunca.

O espaço da prática é sagrado. Pertence à deusa. Tiramos os sapatos antes de entrar. E nos curvamos, de mãos em prece.

Você entende que pode desvendar o mistério por intermédio da ordem?

ENCARAMOS A PRÁTICA COMO ALUNOS

Mesmo o invencível mestre espadachim Miyamoto Musashi entrava na arena tanto para ensinar quanto para aprender.

A PRÁTICA É PARA A VIDA TODA

O rei espartano Agesilau ainda lutava de armadura aos 82 anos. Picasso pintava depois dos 90; Henry Miller corria atrás de mulheres (tenho certeza de que Picasso também) aos 89.

Quando nos tornamos profissionais, somos como tubarões que farejaram sangue ou ascetas que tiveram um vislumbre da face de Deus. Para nós, não há linha de chegada. Não há sino para encerrar o assalto. Vida é busca. Vida é caçada. Quando nosso coração parar... iremos embora, mas não antes.

O SONHO DE ROSANNE CASH, SEGUNDA PARTE

Os detalhes específicos da aquisição de profissionalismo evoluem naturalmente. São autoevidentes. Rosanne Cash captou a mensagem de seu sonho.

A epifania é tudo. Quando detectamos falhas em nossa prática (ou descobrimos que não temos prática nenhuma), ninguém precisa nos ensinar gestão de tempo ou alocação de recursos.

Sabemos o que é preciso fazer.

Outra coisa: depois do sonho, Rosanne não fez mudanças só para ganhar mais dinheiro, conquistar mais fama ou vender mais discos. Fez mudanças por respeito à sua profissão, para se tornar uma artista melhor e uma compositora mais influente.

Quando evoluímos esteticamente, evoluímos também moral e espiritualmente.

O PROFISSIONAL CONFIA NO MISTÉRIO

Patricia Ryan Madson ensinou, durante anos, improvisação em Stanford, para salas lotadas. (Seu livro *Improv Wisdom* está em minha curta lista de obras indispensáveis.) Patricia tem um exercício que chama de "O que está na caixa?".

Pede aos alunos que imaginem uma caixinha branca. Com tampa. E que tirem a tampa.

Pergunta, então, o que encontram lá dentro.

Às vezes, os alunos respondem: um diamante. Outras: um sapo. E outras: uma romã.

O truque é que sempre há *alguma coisa* na caixa.

Com esse exercício, Patricia trabalha o maior terror dos alunos, que é subir ao palco e "congelar".

O profissional confia no mistério. Sabe que a Musa sempre ajuda. Ela pode nos surpreender. Pode nos dar algo que jamais imaginávamos.

Mas sempre põe alguma coisa na caixinha.

Seguem-se cinco axiomas derivados desse princípio que levo em conta todos os dias.

VÁ ALÉM DE SI MESMO

Os autores de ficção aprendem cedo que podem criar um personagem mais inteligente que eles próprios.

Como isso é possível?

A resposta está no Mistério.

O espaço em que escrevemos (pintamos, compomos, inovamos) é bem mais profundo que nossos egos minúsculos. Esse espaço vai além do intelecto. É mais arguto que o pensamento racional.

É instinto.

É intuição.

É imaginação.

Se você e eu contratarmos Meryl Streep para fazer a Rainha Boudica em nosso próximo sucesso de Hollywood, teremos alguma dúvida de que ela dará conta do recado (embora nunca tenha ouvido falar nem saiba nada da Rainha Boudica)?

Meryl Streep sairá por aí e voltará como Rainha Boudica. Transformada em Rainha Boudica.

Você e eu também podemos fazer isso. Podemos ir além de nós mesmos. E não só podemos: devemos.

As melhores páginas que escrevi são aquelas que não me lembro de ter escrito.

ESCREVA SOBRE O QUE NÃO SABE

Há anos, em Nova York, cheguei ao fundo do poço como romancista. Minhas opções se reduziam a duas:

1) Enforcar-me.
2) Pular do telhado.

Mas decidi escrever um roteiro.

A história era sobre prisões. Eu nunca estivera em uma. Não sabia nada desses ambientes. Mas estava tão desesperado que mergulhei fundo e disparei para todos os lados sem olhar para trás. Quando terminei, mostrei o manuscrito a uns poucos escritores que conhecia.

Alguns me puxaram de lado e me perguntaram em voz baixa: "Steve, onde você esteve preso?".

Boas coisas acontecem quando confiamos no Mistério.

Há sempre alguma coisa na caixinha.

APROVEITE AS VANTAGENS DA DEFESA

Todo livro que escrevo tem pelo menos uma seção gigante que parece um nó numa tábua. Não consigo arrancá-lo. Atacá-lo pelos flancos não resolve. O maldito não cede.

Quando você se deparar com esse tipo de Resistência, não sinta vergonha de aproveitar as vantagens da defesa. No futebol americano, em casos assim não vamos em frente, percorrendo trajetos de 55 jardas; achamos mais vantajoso os trajetos de 3 jardas.

Dois conselhos para os dias em que a Resistência se mostrar realmente forte:

1) Aproveite o que tem em mãos e seja paciente. (A defesa vai afrouxar mais cedo ou mais tarde, no jogo.)
2) Jogue para amanhã.

Nossa obrigação, nos dias pouco inspiradores, é manter a compostura e continuar trabalhando. Somos profissionais. Não somos amadores. Temos paciência. Podemos suportar a adversidade.

Amanhã a defesa nos dará mais oportunidades e nós as aproveitaremos.

Há um terceiro conselho, que engloba os dois anteriores:

1) Nosso trabalho é de longo prazo.

Nosso trabalho é uma prática. Um dia ruim não significa nada para nós. Nem dez.

No quadro de nossa prática constante, vinte e quatro horas, quando só conseguimos percorrer poucos quilômetros, são apenas um quebra-molas. Amanhã de manhã, ao tomar café, teremos esquecido tudo e voltaremos ao trabalho, prontos para entrar na briga.

JOGUE MACHUCADO

O amador acha que deve estar tudo bem preparado e organizado antes de começar uma empresa, compor uma sinfonia ou desenvolver um aplicativo de iPhone.

O profissional sabe que não é assim.

Seu marido a abandonou? Confiscaram seu El Dourado?

Continue escrevendo.

Continue compondo.

Continue filmando.

Os atletas jogam machucados. Os guerreiros lutam com medo.

O profissional toma duas aspirinas e vai em frente.

FIQUE FRIO

Sue Sally Hale foi uma famosa amazona e professora de equitação. Tinha uma frase que procurava enfiar na cabeça dos alunos:

Seat chilly. (Fique frio.)

Se você e eu estivermos participando de uma corrida de cavalos com obstáculos, em pleno galope sobre um animal enorme e vendo se aproximar uma parede de pedra que parece ter cinco metros de altura, pensamentos ruins podem abalar nosso cérebro nesse instante.

Mais complicado ainda, o modo como nos sentamos na sela comunica nossas intenções ao animal ultrassensível que cavalgamos. Se o medo e a incerteza nos dominarem, nosso cavalo perceberá imediatamente. E, então, tudo poderá acontecer.

Sue Sally dizia: "Fique frio".

Não queria dizer apenas "contenha-se" ou "controle-se". Queria dizer "mantenha-se na sela".

O profissional sabe que, no curso de sua busca, vai, inevitavelmente, ter momentos de terror ou até mesmo de pânico. Sabe que não pode se livrar do pânico: ele está lá, é real.

O profissional fica frio.

Concentra-se no cavalo e no obstáculo. Mantém-se na sela.

O PROFISSIONAL E O PRIMITIVO

Há alguns anos, tive a oportunidade de viajar para a África. Um dos lugares que visitei foi um acampamento masai. Era tão longe que tivemos de ir de avião. Não havia estradas. Levávamos conosco dois masai da cidade, um rapaz e uma moça, que serviam de intérpretes.

Quando pousamos, tudo estava na maior confusão. Nossos guias nos explicaram, após conversarem com vários anciãos do acampamento, que o xamã acabava de declarar aquele local "inadequado". Assim, todos se preparavam para partir.

A população, ali, era de mais ou menos quinhentas pessoas – guerreiros, crianças e idosos. Para não falar do rebanho da tribo. A cerimônia da mudança exigia que o cortejo fosse encabeçado por bois brancos, que já estavam sendo reunidos. Não era tarefa simples, pois cada boi pertencia a uma família diferente, e todos estavam espalhados pelo vale. Ficamos olhando os anciãos por mais de uma hora, sob a direção do xamã, reunindo os bois e puxando-os para a frente do cortejo. Agora, a tribo inteira já estava pronta para partir. Os guerreiros – os *morans* altos e magros – cantavam uma canção ritual, aos pulos, cercados de moças bonitas que formavam o coro.

Por fim, a tribo partiu.

Caminhou cerca de duzentos passos morro acima.

"É aqui?", perguntou um dos visitantes.

Olhamos para o xamã. Sim, era ali mesmo. Ele solucionara o problema. O novo local era bem melhor.

Na hora, não pensei muito no caso. Parecia absolutamente natural, condizente com a África e a vida tribal. Mas, quando voltei para casa, comecei a refletir sobre os pressupostos, por mais imperfeitamente que pudesse tê-los entendido, que deram vida àquela extravagância:

1) Alguma força invisível ameaçava o antigo acampamento. Fantasmas? Ancestrais vingativos? Mal disseminado? Coisas ruins aconteceriam às pessoas caso continuassem no primeiro acampamento?

2) O mal invisível podia ser combatido pela mudança de acampamento – ainda que para um local a apenas uns duzentos passos de distância. Isso faz sentido? A força maligna não poderia simplesmente seguir a tribo morro acima e perpetrar seus malefícios no novo acampamento? Como uma solução tão simplória poderia resolver o problema?

3) Um indivíduo, o xamã, foi capaz de perceber a força maligna, adivinhar suas más intenções e remediar tudo, graças a determinado curso de ação.

4) A tribo seguiu as instruções do xamã sem uma palavra de protesto. Nenhuma matriarca se queixou por ter de

fazer sua trouxa, que em todas as famílias era considerável e exigia muito trabalho, muito suor. Nenhum guerreiro resistiu. Um por um, todos entraram na fila e saíram livremente, com alegria.

5) (Devo confessar que eu mesmo aceitei a sabedoria do xamã. Quando chegamos no alto do morro, senti-me melhor. Fiquei satisfeito com a mudança.)

6) Por fim, examinei a cultura masai em si. Os masai não eram, de modo nenhum, um povo ignorante, à mercê de espertalhões. Eram e são uma das grandes culturas guerreiras de todos os tempos. Estão na África Oriental desde os anos 1500 (antes da existência dos Estados Unidos). Invadiram e dominaram uma terra inóspita, povoada por adversários orgulhosos, fortes e agressivos.

Além disso, a cultura masai é brilhante – suas roupas, seus rituais, sua organização social. As pessoas são altas, robustas, bonitas. Os jovens enfrentam sozinhos os leões e matam-nos armados apenas com uma lança. O que fizeram devia estar certo.

Perguntei-me: e se a visão de mundo dos masai for a correta? E se existisse mesmo uma força maligna ameaçando o primeiro acampamento? E se o xamã de fato a percebeu, dando-lhe o remédio certo? Talvez, se tivéssemos permanecido ali, uma das jovens esposas grávidas abortasse. Talvez uma briga ocorresse entre dois valentes e um ferisse o outro. Talvez a aldeia inteira fosse dominada por um mal coletivo.

Mas o que tudo isso tem a ver com o profissional e a ideia de profissionalizar-se?

Eis o que penso:

Minha visão de mundo é bem parecida com a dos masai. Acredito no xamã. Gostaria de ter um xamã. Se tivesse um, tomaríamos café juntos todas as manhãs, e, durante o dia, eu faria tudo que ele me houvesse aconselhado.

Melhor ainda, eu gostaria de ser um xamã.

Na realidade, pratico minha própria forma de xamanismo diariamente. Como artista, procuro fazer contato com poderes invisíveis. As forças do mal – Resistência, insegurança, autossabotagem – rondam por aí. Quantas outras forças malignas não sobrevoam, todas as manhãs, a mim e a meu prato de *huevos rancheros*?

Mas há também as forças benignas. Inspiração, entusiasmo, coragem. Ideias novas, descobertas brilhantes, percepções, intuições. De onde vêm? Não sei. Como fazer contato com elas? Não tenho a mínima ideia.

No entanto, esse é o meu negócio. Essa é a minha vida.

Ah, como eu gostaria de ter aquele xamã! Ele é o cara! E eu amo esse cara!

Mas no lugar de um xamã eu tenho... o quê?

Tenho um código de profissionalismo. Tenho virtudes que procuro fortalecer e vícios que procuro erradicar.

Sirvo à deusa. Aonde ela me mandar, eu vou.

Gostaria de ter conhecido aquele xamã. Adoraria me sentar com ele e perguntar-lhe o que viu naquela manhã. Como viu? Que iniciação teve para adquirir seu conhecimento?

Será que ele serve aos deuses, como eu? Encara seu dom como bênção ou maldição?

UM MODELO DO UNIVERSO

Eu tomava o café da manhã com meu amigo, o rabino Mordecai Finley, da congregação Ohr HaTorah, de Los Angeles. Perguntei-lhe sobre a Resistência. Há alguma coisa semelhante nos estudos cabalísticos ou no misticismo judaico? Eis parte de sua resposta (que gravei):

> "Há um segundo eu dentro de você – um Eu interior, sombrio. Ele não liga para você. Não o ama. Vai matá-lo, pois tem seu próprio projeto. É como um câncer. Vai matá-lo para poder levar adiante seu projeto, que é impedi-lo de realizar seu Eu, de tornar-se o que realmente é. Esse eu sombrio é conhecido, no léxico cabalístico, como *yetzer hara*. O *yetzer hara*, Steve, é o que você chama de Resistência".

Na visão cabalística do mundo, a alma (*neshama*, em hebraico) é a fonte de toda a sabedoria, de todo o bem. A *neshama* procura constantemente se comunicar conosco – com nossa consciência no plano físico. A alma procura nos guiar, nos amparar, nos restaurar.

Entretanto, uma força se opõe à *neshama*. Essa entidade, o *yetzer hara*, é uma inteligência sutil e autossustentada, cujo único objetivo se resume em impedir nosso acesso à *neshama* e evitar que a *neshama* se comunique conosco.

Os gnósticos e os neoplatônicos acreditavam em algo muito parecido. Em ambos os modelos do Universo, havia uma esfera superior (na concepção de Platão, a esfera das Formas – de perfeita beleza, justiça, verdade etc.) e uma esfera inferior, onde vivem os mortais.

No misticismo judaico, existe uma força positiva que se opõe ao *yetzer hara*. Acima de cada folha de grama, diz a Cabala, flutua um anjo exortando-a: "Cresça! Cresça!".

Qual método, no entender dos antigos, nos possibilita cultivar as forças positivas para superar as negativas? Segundo o rabino Finley, esse método está em um código chamado *Mussar*.

MUSSAR

Mussar era um código de disciplina ética não muito diferente dos programas atuais de doze passos.

A primeira prescrição desse código era "identificar o pecado"; a segunda, "eliminá-lo".

Nos termos dos Alcoólicos Anônimos, teríamos:

1) Reconheça que é alcoólatra.
2) Pare de beber.

Os cabalistas acreditavam que é possível alcançar a esfera superior por meio do esforço disciplinado, humilde e aberto da mente e da vontade. Sabiam que estavam na pista de um mistério. Sabiam que um inimigo procurava impedi-los de desvendá-lo.

O que eles chamavam de *mussar*, chamo de tornar-se profissional.

Nossa tarefa, como almas nesta jornada mortal, é transferir a sede de nossa identidade da esfera inferior para a superior, do ego para o *Self*.

A arte (ou, mais exatamente, o esforço para produzir arte) nos ensina isso.

Quando você e eu lutamos contra a Resistência (ou procuramos amar, suportar, doar ou fazer sacrifício), entramos em uma guerra não apenas nos planos material, mental e emocional, mas também no espiritual. Nossa missão não consiste unicamente em compor nossa sinfonia, criar nosso filho ou comandar nosso batalhão de Forças Especiais contra o Talibã na província de Konar. O choque é épico e interno, entre o ego e o *Self*, sendo que o que está em jogo é a nossa vida.

PARA QUEM É TUDO ISSO?

No fim das contas, o empreendimento e o sacrifício são para o público.

São para os leitores, os cinéfilos, os visitantes de *sites*, os ouvintes, os amantes de concertos, os jogadores, os frequentadores de galerias – um grupo que, aliás, inclui você e eu.

Nós somos o público.

Na jornada do herói, o peregrino volta para casa após anos de exílio, lutas, sofrimentos. Dá um presente ao povo. Esse presente é aquilo que o herói viu, suportou, aprendeu. Mas não é material bruto; é minério refinado em ouro pelas mãos hábeis e amorosas do herói/peregrino/artista.

Você é esse artista.

Pagarei com muito gosto qualquer quantia ao iTunes para ler, ver ou ouvir o tesouro de 24 quilates que você refinou de seu sofrimento, sua visão, sua imaginação. Preciso disso. Todos precisamos. Estamos lutando nas trincheiras. Beleza, sabedoria, emoções, sustos, até uma escapada insensata sob uma chuva de outubro à tarde – quero isso. Ajudem-me a ter.

O herói viaja. O herói sofre. O herói volta.

Você é esse herói.